SWU-700-013

LA GUERRA DI SARDEGNA E DI SICILIA 1717-1720. GLI ESERCITI CONTRAPPOSTI: SAVOIA, SPAGNA, AUSTRIA

PARTE 2
L'ESERCITO SPAGNOLO NEL 1717-1720 E
LA GUERRA PER LA CONQUISTA E LA
DIFESA DELLA SARDEGNA E DELLA SICILIA

TOMO 1

SOLDIERSHOP

AUTORI

Giancarlo Boeri (Sanremo 1944), Laurea in Fisica, fin dall'infanzia si è dedicato allo studio della storia e dell'iconografia militare dei secoli XVII e XVIII. Nel tempo ha approfondito tutti gli aspetti sugli eserciti degli Stati preunitari italiani, dell'esercito spagnolo, francese e degli Stati dell'Europa occidentale del XVII e XVII secolo, tanto da divenire un punto di riferimento per gli studiosi del campo. Ha scritto numerosi articoli e libri, da solo e con altri autori in Italia e all'estero, tra cui una serie di volumi sull'esercito borbonico dalla Rivoluzione francese alla fine del Regno di Napoli (1789-1861), pubblicata dall'Ufficio Storico dello Stato Maggiore dell'Esercito. Ha pubblicato, inoltre, diverse opere sulle uniformi delle Marine degli Stati italiani preunitari ed una serie di monografie, in italiano ed inglese, sugli eserciti sabaudo, spagnolo, francese, imperiale austriaco, operanti tra Seicento e Settecento.

Josè-Luis Mirecki Tenente di fanteria in pensione, investigatore e storico militare. Nato a Madrid nel 1958. Ha già lavorato come co-autore con Giancarlo Boeri negli eserciti spagnoli nella guerra della Lega di Augusta (1688-1697), pubblicato da The Pike & shot Society nel 2011; "los Tercios de Carlos II durante la Guerra de los Nueve años (1689-1697)", pubblicato con Pen & Sword nel 2005. Con il collega José Palau Cuñat, purtroppo deceduto, ha collaborato alla stesura di: "Rocroy, cuando la honra española se pagaba con sangre, Editorial Actas, 2016. Recentemente è impegnato nella ricerca sul tentativo di riconquista dell'Impero realizzato da Felipe V tra il 1715 e il 1746.

Paolo Giacomone Piana (Genova 1959) Studioso di storia militare, in particolare di storia della repubblica di Genova, della marina e dell'esercito, ha pubblicato numerosi saggi ed articoli, molti in collaborazione con il compianto Riccardo Dellepiane, tra cui il libro *Militarium*.

Guglielmo Aimaretti, Nato a Villafranca Piemonte, in provincia di Torino, vissuto a Torino fino al 1971 è stato docente di Discipline Artistiche ad Alba. Fin dalla giovinezza collezionista e cultore di documentazione storico-militare ha affiancato all'attività docente quella di illustratore nell'ambito uniformologico collaborando con l'editoria specializzata. Molti suoi lavori sono in collezioni private in Italia e all'estero .

Roberto Vela, (Acqui 1952). Appassionato di storia militare, cultore di storia locale e di araldica, uniformi ed armi dei secoli XVII-XVIII, si è dedicato alla ricerca iconografica e alla produzione di disegni ed illustrazioni per numerose pubblicazioni, apparse, tra l'altro, sul Bollettino dell'Accademia di San Marciano. Ha collaborato da alcuni decenni con Giancarlo Boeri per le pubblicazioni partecipando alle ricerche storiche relative.

RINGRAZIAMENTI

Gli autori desiderano ringraziare per il sostegno e la collaborazione alle ricerche fornita nel corso degli anni il personale dell'Archivio General de Simancas, particolarmente Isabel Aguirre, e da numerosi studiosi, tra cui vogliono ricordare Carlos Belloso, Antonio Rodriguez, Robert Hall, Luis Sorando.

Un sentito ricordo per Pepe Palau e Jesus Alia-Plana, con i quali abbiamo condiviso tante ricerche negli archivi di mezza Europa, la cui immatura scomparsa ci ha privato della loro amicizia e collaborazione.

Title: **LA GUERRA DI SARDEGNA E DI SICILIA 1717-1720 vol. 1/2. GLI ESERCITI CONTRAPPOSTI: SAVOIA, SPAGNA, AUSTRIA - Parte 2 L'Esercito Spagnolo nel 1717-1720 e la Guerra per la conquista e la difesa della Sardegna e della Sicilia - Tomo 1.** By G.C.Boeri, J.L.Mirecki e P.Giacomone Piana. Tavole di G.Aimaretti e R. Vela. Prima edizione by Luca Cristini Editore per i tipi di Soldiershop. Ottobre 2018 Cover & Art Design: L.S. Cristini.

ISBN code: 978-88-93273725

LA GUERRA DI SARDEGNA E DI SICILIA 1717-1720. GLI ESERCITI CONTRAPPOSTI: SAVOIA, SPAGNA, AUSTRIA

PARTE 2
L'ESERCITO SPAGNOLO NEL 1717-1720 E LA GUERRA PER LA CONQUISTA E LA DIFESA DELLA SARDEGNA E DELLA SICILIA
TOMO 1

INTRODUZIONE

Nella trattazione, in tre parti, delle vicende che ebbero luogo nelle isole di Sardegna e di Sicilia tra il 1717 ed il 1720 si presenterà lo svolgersi delle operazioni militari che videro contrapposti l'esercito e la marina spagnola e quelli austriaci e sabaudi e un'analisi delle forze militari impiegate.

Filippo V Borbone, Re di Spagna, non si era rassegnato alla situazione che si era creata alla fine della guerra per la successione spagnola, che aveva visto l'occupazione da parte degli austriaci dei possedimenti spagnoli in Italia (Milano, Sardegna, Regno di Napoli) nonché quello di Sicilia ceduto a Vittorio Amedeo II di Savoia e, alla prima occasione (l'impero austriaco era impegnato in una durissima guerra contro i Turchi) inviò un fortissimo corpo di spedizione, che occupò un dopo l'altra la Sardegna e la Sicilia.

Le potenze garanti dei trattati di pace del 1714 e dell'assetto che ne era conseguito (in primis la Gran Bretagna e la Francia) reagirono.

La Gran Bretagna inviò una potente flotta nel Mediterraneo, che ribaltò il rapporto di forze e praticamente impedì che l'esercito spagnolo nelle due isole potesse ricevere soccorsi.

L'impero austriaco da Milano e da Napoli raccolse ed inviò un numero sempre crescente di truppe, che invasero a loro volta la Sicilia (il cui dominio era stato nel frattempo ceduto da Vittorio Amedeo all'Austria in cambio del regno di Sardegna). La coalizione europea costrinse alla fine la Spagna a rinunciare alla sua avventura ed evacuare le due Isole.

Questo secondo libro sulla **Guerra di Sardegna e di Sicilia (1717-1720)** (a sua volta diviso in due tomi) si incentra sulla partecipazione dell'esercito spagnolo alla vicende della guerra, combattuta per quasi quattro anni sulle due isole mediterranee, sulla sua organizzazione e le sue uniformi. Il primo volume della serie (già pubblicato) ha delineato nell'insieme la situazione complessiva entro la quale si sono svolti gli eventi del conflitto ed ha trattato l'evolversi delle vicende, viste dalla parte sabauda, mentre il terzo volume riguarderà l'esercito austriaco e la flotta britannica.

GianCarlo Boeri

◄ *Ritratto di Filippo V a cavallo, opera di Jean Ranc Fecha, Museo del Prado, Madrid*

INDICE

VICENDE DELLA GUERRA IN SARDEGNA E IN SICILIA

Il re Luigi XIV di Francia aveva ottenuto il suo obiettivo di mettere sul trono di Spagna suo nipote Filippo (Filippo V). Per questo fine non esitò a scatenare in Europa una guerra sanguinosa che durò quindici anni, proseguendo in Catalogna e nelle Baleari fino al 1715. La gran percente fu la Spagna. Prima sui campi di battaglia e poi ai negoziati di Utrecht, la parte europea del suo impero: i Paesi Bassi, Milano, Napoli e la Sardegna, passarono sotto il dominio degli Asburgo d'Austria, mentre la Casa di Savoia ottenne la Sicilia e gli Inglesi si insediarono a Minorca e Gibilterra, piazza quest'ultima che conservano tuttora.

La lunga guerra aveva creato una classe di soldati come mai vi era stata in Spagna, poiché coinvolgeva tutti gli strati della società, i cui sogni di vittoria erano stati frustrati dai negoziati di pace, diretti dalla Francia secondo i suoi interessi, lasciando quasi intatti i territori francesi e cedendo invece i possedimenti spagnoli.

L'esistenza di un esercito forte e sperimentato, nonostante le riforme subite dopo la fine della guerra ed il desiderio di Filippo V di recuperare gli Stati perduti, portarono inevitabilmente a una nuova serie di guerre, anche se tutti i contendenti cercarono di evitare che si instaurasse un conflitto universale, come era stata la precedente guerra della Successione Spagnola.

L'ingente numero di soldati smobilitati da altri eserciti a causa dell'arrivo della pace nel 1714 (e poi nel 1717 con i Turchi) e che indipendentemente dalla loro nazionalità si offrivano di servire a chi li avesse pagati, permise all'esercito spagnolo in trasformazione di reclutare i reggimenti stranieri e di crearne dei nuovi chiamati in Spagna *de naciones*, che servirono su tutti i fronti tra il 1717 ed il 1720.

Un ambizioso personaggio si era fatto largo alla corte di Madrid grazie alla protezione della regina Isabella Farnese e l'appoggio del partito italiano. Si trattava di Giulio Alberoni, un ecclesiastico italiano, divenuto cardinale nel 1717, già segretario del duca di Vendôme fino alla morte di questi; egli agiva come strumento del duca di Parma, Francesco Farnese, zio e patrigno della regina, che voleva sfruttare la situazione facendo leva sul desiderio di Filippo V di recuperare i suoi possedimenti italiani. La politica di Alberoni venne favorita dal comportamenti dei governatori imperiali di Milano e Napoli e di Vittorio Amedeo in Sicilia.

EVOLUZIONE DEL CONFLITTO

La crisi decisiva scoppiò il 27 maggio 1717 quando l'ottuagenario don José Molines, nominato Grande Inquisitore di Spagna mentre era in missione diplomatica a Roma, venne arrestato a Milano, dove era di passaggio per evitare il viaggio in mare sulla via della Spagna: fu una decisione arbitraria del governatore principe di Löwenstein, il quale senza un motivo plausibile fece rinchiudere il vecchio prelato nel castello di Milano (l'attuale "Castello Sforzesco" il cui aspetto era allora molto diverso da quello odierno) dove ben presto morì. Alla notizia dell'arresto di Molines, la collera di Filippo V fu incontenibile. Alberoni cercò di calmarlo e di evitare, per il momento la guerra, ma le pressioni esercitate congiuntamente dalle Corti di Parma e di Madrid furono tali che non gli fu possibile resistere.[1]

Il primo obiettivo spagnolo fu la Sardegna, che aveva appartenuto alla 'Corona d'Aragona' dalla fine del XIII secolo entrando poi a far parte della "Corona di Spagna" con le nozze di Ferdinando e Isabella. Anche l'obiettivo successivo, la Sicilia, apparteneva alla "Corona d'Aragona" dopo i 'Vespri Siciliani' del 1282, quando gli isolani avevano chiamato il re Pietro III di Aragona, acclamandolo come loro re. Molte province del regno di Francia ne facevano parte da molto meno tempo di quanto le due isole fossero passate sotto il governo di dinastie ispaniche. La Sardegna era stata tolta ai borbonici nel 1708 dai sostenitori del partito della casa d'Asburgo e posta sotto il dominio del loro pretendente al trono spagnolo, l'arciduca Carlo (Carlo III come re di Spagna,

---

1   PAOLO ALATRI, *L'Europa dopo Luigi XIV (1715-1731)*, Palermo, Sellerio, 1986, pp. 149, 152.

poi imperatore Carlo VI). Erano stati invece gli inglesi a volere che la Sicilia fosse ceduta a Vittorio Amedeo II di Savoia, per compensarlo dell'esclusione dalla successione al trono della Gran Bretagna alla quale lui, cattolico, aveva maggior diritto che l'elettore di Hannover, favorito dal principio della "successione protestante". Ottenuta l'isola in virtù del trattato di Utrecht, Vittorio Amedeo era giunto a Palermo il 23 settembre 1713, vi era stato incoronato il 21 dicembre seguente ed era rimasto nell'isola fino al settembre 1714 quando ritornò in Piemonte, lasciando al governo della Sicilia come viceré il conte Annibale Maffei.[2]

In quanto alla Sardegna, l'Imperatore dal 1708, quando il regno era stato strappato ai borbonici, ne aveva affidato il governo ad un viceré. Nel 1717 Pedro Nuño Colón Portugal, conte di Atalaya fu sustituito come viceré da Joseph Antonio de Rubí y Boxadors, marchese di Rubí, che dopo avere combattuto durante tutta la guerra precedente nell'esercito del pretendente austriaco al trono spagnolo arciduca Carlo, giungendo ad esser colonnello del reggi-

▲ *Giovanni Maria Dellepiane (Il Mulinaretto), ritratto del cardinale Alberoni, Collegio Alberoni (Piacenza).*

mento spagnolo-catalano della *Regina*, era stato nominato governatore di Maiorca nel 1713, isola ripresa dalle armi di Filippo V due anni dopo. Le forze militari asburgiche dispiegate in Sardegna erano anche composte da gente della stessa origine.

La spedizione spagnola in Sardegna nel 1717 e poi quella in Sicilia nel 1718 riaccesero la guerra in Europa.

La riconquista spagnola della Sardegna acuì la tensione con la Gran Bretagna: vascelli inglesi furono predati da navi spagnole in America, e circolarono voci di una possibile spedizione navale contro le coste britanniche in appoggio alla ribellione giacobita. Nel novembre 1717 Londra e Parigi avanzarono proposte di mediazione, ma non riuscirono a convincere Madrid ad accettare il riassetto territoriale proposto, che prevedeva il passaggio dei ducati di Parma e Piacenza all'*infante* Carlo, figlio della regina Elisabetta, quando i Farnese si fossero estinti, eventualità considerata praticamente certa. Alberoni riteneva che la Gran Bretagna avesse un oggettivo interesse al ridimensionamento della potenza asburgica e puntava sulla speranza che la Francia si alleasse con la Spagna: speranza tenuta viva dalle oscillazioni e incertezze del reggente Filippo d'Orleans (nel frattempo nel 1715 Luigi XIV era morto ed il trono era passato al pronipote Luigi XV di appena 5 anni, per cui il governo era stato assunto, come reggente da Filippo d'Orleans, figlio di un fratello del Re Sole): per cui si irrigidì dichiarando irrinunciabili il possesso della Sardegna e l'esclusione dell'Impero dalla Sicilia. Al contrario, a seguito degli incontri diplomatici svoltisi a Vienna nel marzo-aprile 1718, Carlo VI aderì in linea di principio alla Triplice - e ora Quadruplice - Alleanza tra Francia, Gran Bretagna e Paesi Bassi: e firmò il trattato a metà giugno. Il Reggente di Francia, Duca d'Orléans, già avverso a Filippo V a causa dei problemi legati alla successione di Luigi XIV dopo la sua morte avvenuta nel 1715, fu esasperato dalla fallita "congiura di Cellamare" (dal nome dell'ambasciatore spagnolo a Parigi), uno dei più gravi errori di Alberoni, per cui la Spagna non solo entrò in guerra contro i suoi antichi nemici, ma si vide anche attaccata dalla stessa Francia, con la motivazione di ridurre la Spagna ad accettare le condizioni della Quadruplice alleanza e di fare licenziare Alberoni dalla corte di Madrid.

I primi ventimila soldati francesi entrarono in territorio spagnolo il 21 aprile 1719 per Vera ed Irún e posero

2   Vedi il volume I di questa serie.

l'assedio alla città fortificata di Fuenterrabia che cadde il 18 giugno. Il 2 agosto cadde San Sebastián, il 17 la sua cittadella e in breve termine s'impossessarono di tutta la provincia di Guipuzcoa (nei Paesi Baschi). Nel mese di ottobre l'esercito francese invase anche la Catalogna, ma non riuscì a impadronirsi di Rosas; inoltre il duca di Berwick[3], che lo comandava, era poco disposto a valersi dell'appoggio dei partigiani del partito asburgico (i "micheletti" antiborbonici) ancora attivi in un paese dove le istanze di ribellione al governo di Madrid erano sempre vive.

In Francia la guerra contro la Spagna era impopolare e il governo era orientato a concludere quanto prima la pace. In Gran Bretagna i protestanti erano invece esacerbati dalla spedizione in Scozia in appoggio al "pretendente" Giacomo Stuart, dispersa da una tempesta nell'aprile 1719: per ritorsione e per aumentare ancora più la pressione sulla corte spagnola con operazioni anfibie al comando del gen. Cobham, la flotta dell'ammiraglio James Mighells mise a ferro e fuoco le coste della Galizia e assalendo Vigo e Pontevedra, che si arresero il 10 e 14 ottobre 1719 (solo la cittadella di Castro resistette fino al 21).

A questi fronti militari, si doveva aggiungere il fatto che inglesi e francesi attaccavano anche le coste americane e minacciavano le flotte delle Indie; a tanti problemi si aggiungeva poi lo stretto assedio del possedimento africano di Ceuta mantenuto dal sultano del Marocco.

Scoraggiato dall'esito disastroso di quella guerra[4], Filippo fu costretto infine ad accettare le condizioni della Quadruplice Alleanza, gettando la colpa di tutto su Alberoni, che fu allontanato dalla Spagna ed esiliato in in Italia. Il conflitto ebbe termine il 17 febbraio 1720, anche se la conclusione delle ostilità in Sicilia giunse qualche tempo dopo.

LA SPEDIZIONE IN SARDEGNA.

In Sardegna si era mantenuto un forte partito filo-spagnolo appoggiato da potenti famiglie isolane come i marchesi di Laconi e di San Felipe, che cercavano di ritornare sotto il dominio della Spagna. I viceré asburgici, il conte di Erill D. Antonio Roger e quello di la Atalaya, D. Pedro Manuel, avevano imposto all'isola pesanti tasse guadagnandosi l'avversione del popolo e provocato la sollevazione della città di Sassari.

La guarnigione asburgica dell'isola, già scarsa, contava solo alcune compagnie del reggimento di fanteria del colonnello Manuel Barbon, il piccolo reggimento di cavalleria del colonnello Jaime Carreras e qualche reparto minore, meno di millecinquecento uomini in tutto, formati però in larga maggioranza da catalani e valenciani di sentimenti antiborbonici[5]. Completavano le forze circa 150 ufficiali ed artiglieri distribuiti nelle tre piazzeforti di Cagliari, Alghero e Castel Aragonese (oggi Castelsardo) e nelle torri costiere.

I preparativi della spedizione si fecero con tanta segretezza che neppure i capi delle truppe sapevano bene quale fosse la loro destinazione. Nel 1716 la Spagna, su sollecitazione del Pontefice, aveva inviato a Corfù una Squadra di 6 vascelli e 4 galere per combattere i Turchi, che avevano invaso la Morea (Peloponneso) e assediavano nell'isola greca la guarnigione veneziana al cui comando era il maresciallo Schulenburg. Nel 1717 truppe e navi furono riunite a Barcellona col pretesto di una nuova spedizione nel Mediterraneo orientale. In terra, grazie allo zelo dell'intendente generale Patiño, fu pronto in breve tempo tutto il necessario per la spedizione, che si componeva principalmente di reggimenti già di stanza nel Principato di Catalogna.

Nell'aprile 1717 la flotta si raccolse nel porto di Cadice, dicendosi che dovesse unirsi alla marina veneziana nella lotta contro i turchi ed iniziarono i preparativi della spedizione. La squadra rimasero in questo porto fino al mese di giugno, quando prese il mare. Tuttavia, anziché dirigersi sulla rotta di Sicilia e da lì verso Levante per congiungersi con le altre squadre ausiliarie della Repubblica veneta, si spostò senza apparente

---

3   James Fitzjames figlio illeggitimo del desposto re inglese Giacomo II e della sua amante Arabella Churchill (sorella del futuro duca di Marlborough), ebbe il titolo di duca di Berwick, e fece una lunga carriera al servizio della Francia, nonché della Spagna.
4   Una buona parte delle truppe migliori veterane erano impegnate in Sicilia; molte di quelle schierate contro i Francesi, con i loro ufficiali, erano invece di nuova leva e di scarsa esperienza.
5   Nel volume III si tratterà in maggior dettaglio questo argomento. Il reggimento *Barbon* era in origine un reggimento di fanteria spagnola-lombarda formato a Milano nel maggio 1707; nel 1710 una parte del reggimento passa di guarnigione in Sardegna; nel 1714 tutto il reggimento viene destinato a guarnire l'isola. Il reggimento *Carreras* derivava invece dal reggimento di cavalleria catalana *Sormani* formato in gran parte da prigionieri della battaglia di Zaragoza (1710) passati al partito asburgico; il reggimento era stato destinato alla guarnigione della Sardegna dopo l'abbandono di Barcellona nel 1713.

motivo a Barcellona, (per congiungersi ai trasporti che portavano le truppe), entrando in rada di Barcellona la mattina del 2 luglio 1717. Questo fatto destò a Vienna il timore di un colpo di mano contro il regno di Napoli, per opporsi al quale le forze mancavano. Per quanto le Gazzette dell'epoca affermino che Vienna abbia subito disposto il trasferimento di numerosi reggimenti verso Napoli, fu solo dopo la grande vittoria riportata dal principe Eugenio presso Belgrado (18 agosto 1717) che si resero disponibili molte delle forze che erano state impiegate sul fronte orientale.

SPEDIZIONE CONTRO LA SARDEGNA

Tenenti Generali.
Jean-Francois-Nicolas de Bette e Croy-Zollre, marchese di Lede. Capo della spedizione.
Joseph de Armendariz e Perurena, marchese de le Navas e Castelfuerte.
Marescialli di campo.
Joseph Carrillo de Albornoz y Montiel, conte (poi duca) di Montemar.
Antonio Pignatelli e Aymeric, marchese di San Vicente.
Philippe-Emmanuel-Antoine de Bette et de Croy, cavaliere de Lede.
Enrique Grafton.
Le truppe che componevano la spedizione erano 14 battaglioni di fanteria, e 300 dragoni.
  • 4 battaglioni delle *Guardie spagnole*, colonnello Guillén Ramón de Moncada y Portocarrero, marchese di Aytona (agli ordini del tenente colonnello Francisco Armendáriz).
  • 4 battaglioni delle *Guardie vallone*, colonnello Guillaume de Melun de Gand-Vilain, marchese di Risbourg (agli ordini del loro tenente colonnello il conte di Glymes)
  • 2 battaglioni del reggimento di *Murcia*. Colonnello Francisco Bustamante.
  • 2 battaglioni del reggimento di *Burgos*. Colonnello Isidro Usel Guimbarda.
  • Reggimento di *Wachop*. Colonnello Francisco Wachop.
  • Reggimento di *Hainaut*. Colonnello Claude, conte di Bournonville.
I dragoni, comandati dal conte di Pezuela, erano costituiti da distaccamenti di vari reggimenti. L'artiglieria, al comando del colonnello Sebastián de Matamoros, contava 200 artiglieri e bombardieri, 60 operai e 50 minatori, con un parco composto da 32 cannoni e 14 mortai; completavano le forze alcuni ingegnieri comandati da Joseph de Bauffre.
La flotta che doveva convogliare questa spedizione, secondo il padre Belando, era composta da quindici navi da guerra (di cui nove di linea), due brulotti, due galeotte a bombe, quattro galee e undici navi, 34 tartane, dieci pinchi, e una saetia per il trasporto delle truppe [6], la maggior parte di questi requisiti all'ultima ora tra le imbarcazioni mercantili che si trovavano nei porti della Catalogna e di Valencia. Il comando fu conferito al genovese marchese Stefano de Mari, insieme ai capi di squadra Baltasar de Guevara e Francisco Grimau.
Il 17 luglio, giorno previsto per la partenza della spedizione, già si trovavano raccolti in Barcellona una gran quantità di viveri e munizioni da guerra e da bocca e gran parte della truppa che doveva imbarcarsi. Il ritardo dell'arrivo dei quattro battaglioni delle *Guardie Vallone*, che erano accantonati in Tarragona, fece sì che i marchesi di Lede e Mari, decidessero di salpare comunque, lasciando indietro parte della flotta a carico di Baltasar de Guevara perché li imbarcasse, ponendo queste truppe a carico del conte di Montemar e senza potere dare ordini precisi dei quali essi stessi non disponevano. In questo modo Mari si pose alla vela il 24 luglio e Guevara non poté farlo che il 30 seguente. La flotta di Mari era composta da 59 legni insieme alle galee, lasciando a Guevara tre vascelli da guerra, cinque da trasporto e dodici tartane. Però la perizia marinara di Guevara fece sì che la sua piccola squadra navigasse direttamente costeggiando il golfo del Leone fino alla Corsica e di lí alla Sardegna, evitando le calme di vento che trattennero invece i legni di Mari, che si videro obbligati a fermarsi a Maiorca, di modo che non giunsero a vista di Cagliari fino al 9 agosto. La sorpresa del marchese di Rubí,

---

6   NICOLAS DE JESUS BELANDO, *Historia civil de España*, II, Madrid, Manuel Fernandez, 1740, p. 167.

viceré asburgico dell'isola, di fu totale.

Montemar, in assenza di ordini, decise di aspettare l'arrivo del grosso della flotta e in questo modo perse l'opportunità di impadronirsi della piazza con scarsa resistenza. Il viceré Rubí, fece chiamare alle armi gli uomini della milizia e diede ordini per munire di viveri le tre piazzeforti dell'isola: Cagliari, Castello Aragonese ed Alghero. Mentre Montemar dibatteva con i suoi ufficiali se si dovessero sbarcare le truppe, il 20 arrivò una nave inviata da Mari avvisando del suo prossimo arrivo, che avvenne il giorno seguente. La stessa notte cominciò lo sbarco degli uomini nella spiaggia di Sant'Andrea, con scarsa resistenza da parte degli imperiali. Il campo spagnolo si pose nei pressi del santuario di Nostra Signora de Lluch, alla cima del monte Urpino, luogo che contava tre pozzi d'acqua, punto importante perché il viceré Rubí aveva dato ordine di avvelenare tutti i pozzi, metodo di "mala guerra" molto utilizzato dai catalani nella resistenza contro i Borbonici nella recente guerra in Spagna. Lede inviò un trombettiere a Rubí chiedendo la resa della piazza, ma ne ricevette una risposta negativa.

La disposizione del terreno obbligava ad aprire gli attacchi dal convento di Gesú [oggi la ex Manifattura Tabacchi], fino alla Chiesa di San Lucifero, per battere il bastione di Monserrato o dello Sperone o della Zecca [nell'odierno Bastione San Remy], dove si doveva aprire la breccia, dovendosi per prima cosa catturare il sobborgo fortificato della Marina.

L'attacco iniziò dall'est, impossessandosi i battaglioni delle *guardie vallone* comandati dal brigadiere e capitano della compagnia di granatieri del terzo battaglione, Albert-Joseph de Dongelberg, marchese di Rèves, dei conventi di Bonaria, della Trinità [nell'attuale Camposanto] e di San Lucifero, situati ad est della città ed il 26 si cominciò lo sbarco dell'artiglieria. Nel mentre, la flotta chiuse l'adito ad ogni intento di soccorso agli assediati, catturando in breve alcuni artiglieri venuti da Napoli che cercavano di entrare nella piazza. Allo stesso tempo le navi cominciarono a lanciare alcune bombe contro la piazza e le sue difese per intimidire la popolazione perché obbligasse il viceré ad arrendersi.

Il 31 agosto riuscì ad entrare nella piazza un rinforzo di 300 cavalieri che alleviarono un po' la penuria di uomini di cui soffriva la guarnigione. Il viceré Rubí, credendosi superiore in cavalleria alle truppe borboniche dispiegò i suoi seicento cavalieri nella pianura, ed attaccò le linee degli assedianti; però nello scontro in campo aperto con i dragoni spagnoli, ebbe a soffrire una cocente sconfitta, rimanendo disfatta la sua cavalleria con molti morti e prigionieri.

Il maresciallo di campo Grafton con un distaccamento di 200 granatieri cercò di impadronirsi del castello di San Michele della Contessa, perché i capi spagnoli stimavano che si trovasse poco guarnito e quasi in stato di abbandono. In realtà si sbagliavano poiché fu difeso efficacemente dal conte di San Martín con una compagnia di fanteria e numerosi miliziani, obbligando i granatieri a ritirarsi con una ventina di perdite. Un nuovo attacco effettuato il 6 settembre, fu di nuovo respinto.

Fino al 10 settembre da parte spagnola non si poté cominciare ad aprire la trincea contro la piazza, per mancanza di un sufficiente numero di fascine e tre giorni dopo aprì il fuoco la prima batteria. I difensori, al contrario di quanto ci si aspettasse, lottavano con gran perseveranza, però il 15 gli spagnoli si resero padroni del sobborgo di Stampace, ma restarono trattenuti in quello di Villanova.

Intanto, il 6 precedente avevano salpato da Barcellona sedici navi al comando del marchese di Montealegre, che conducevano in Sardegna come rinforzo il reggimento di fanteria italiana di *Basilicata*, di un battaglione, con il suo colonnello Bernardo Carafa e tre squadroni del reggimento di cavalleria di *Rosellón Viejo* (poi Borbón), colonnello Joseph Manrique de Arana, marchese di Villalegre, che giunsero il 16 a Cagliari.

Il 17 si aprì una nuova trincea e si poté completare l'accerchiamento della piazza. Non avendo speranza di soccorsi, quella stessa notte il viceré Rubí, accompagnato dai nobili più legati al governo asburgico e scortato da alcuni cavalieri, fuggì cercando rifugio nell'interno dell'isola. Il 19 i fuggitivi furono sorpresi a Siamanna dal conte di Pezuelae dai suoi dragoni lanciati all'inseguimento e fatti quasi tutti prigionieri, ma il viceré riuscì a mettersi in salvo, perdendo però sia il cappello, che il bastone di comando.

Alla notizia dell'assedio di Cagliari, molte località dell'interno dell'isola cominciarono a sollevarsi contro le autorità austriache. Gli abitanti della città di Sassari insorsero guidati da Domingo Vico, marchese di So-lemnis, Pedro Amat, barone di Sorso; Juan Guio, barone di Osi e Antonio Miguel Olivés, marchese di Montenegro. Il 12 ottobre il marchese di Lede diede ordine a Francisco Grimau che appoggiasse con le sue galere gli insorti e il 16 arrivò a Sassari il marchese di Montealegre con un distaccamento, che si unì alla gente che comandava il marchese di Montenegro. Il governatore asburgico, colonnello Joseph Gonzalo Benítez de Lugo, si diede alla fuga, venendo nominato al suo posto dai sollevati Pedro Amat. Il rimanente dell'isola si sottomise senza resistenza. Tuttavia continuavano a resistere alcuni nobili come Francesco Pes, marchese di Villamarina e Juan Valentín, conte di San Martino, che riunirono in Gallura un corpo di circa mille cavalieri, sperando in rinforzi dal continente, ben presto però di fronte alla mancanza di soccorsi la gente si disperse e cominciò a tornare alle proprie case, mentre i capi si posero in salvo in Corsica.

A Cagliari, la fuga del viceré non aveva scoraggiato i difensori chiusi nel castello al comando del colonnello Carreras. Questi il 22 ordinò una sortita arrivando fino al campo degli assedianti, anche se fu respinta con alcune perdite. A partire dalla mattina del 24 entrò in azione una nuova batteria con la quale quaranta cannoni e venti mortai bombardavano la città. Il 28 un distaccamento di 300 guardie vallone s'impadronì del sobborgo della Marina, abbandonato dai difensori. Inaspettatamente, la sera del 30 il colonnello Carreras fece la chiamata per arrendersi. Il 2 fu sottoscritta la capitolazione, lasciando libera la guarnigione: ma il giorno dopo si imbarcarono solo 122 uomini, prendendo partito per la Spagna i rimanenti.

Due giorni dopo la capitolazione di Cagliari, il conte di Montemar uscì dal campo spagnolo con un distaccamento di mille granatieri ed il reggimento di cavalleria di *Rosellón Viejo* verso Alghero, mentre il marchese di Lede si poneva in marcia con il grosso dell'esercito il 14 ottobre, lasciando di guarnigione nella capitale i reggimenti di fanteria di *Murcia* e *Basilicata* ed un distaccamento di cento dragoni e come governatore il tenente generale Joseph Armendáriz, benché a causa dell'infermità di cui soffriva, governasse interinamente la piazza il marchese di San Vicente.

Dopo una marcia penosa a causa del calore e la scarsità d'acqua, il grosso delle truppe di Lede giunse ad Alghero la notte dal 19 al 20 settembre, riunendosi con l'avanguardia di Montemar, che aveva già preso i posti. Governava questa piazza per l'imperatore il colonnello Alonso Bernardo de Cespedes, con circa quattrocento uomini, compresi 180 dragoni smontati del reggimento di dragoni *Hamilton* (dell'esercito del ducato di Milano) che erano riusciti a sbarcare in Sardegna. Vi si trovava anche il viceré Rubí, che non sentendosi sicuro si imbarcò raggiungendo poi la Corsica.

La piazza d'Alghero, benché forte per la sua situazione, non aveva fortificazioni in grado di resistere ad un assedio. Dopo l'arrivo di alcune navi che bloccarono il porto, il governatore de Cespedes si arrese il 28 ottobre e la maggior parte dei dragoni di *Hamilton* presero partito per gli spagnoli;. il giorno dopo questi entrarono nella piazza, lasciandola guarnita da 500 uomini agli ordini di un colonnello. Mentre ancora durava l'assedio di Alghero, si inviò un distaccamento comandato dal maresciallo di campo marchese di San Vicente verso Castel Aragonese, che si arrese il 29 ottobre.

I soccorsi inviati dalla corte di Vienna ai difensori della Sardegna furono molto limitati. Dalla Lombardia partì solo il reggimento di dragoni di *Hamilton*, smontato, di cui però, causa il tempo contrario, ne arrivò circa la metà, che rinforzò i presidi di Alghero e Castel Aragonese. Andò peggio a un distaccamento di circa cinquecento uomini mandato da Napoli, che sbarcato presso Terranova (oggi Olbia) fu costretto alla resa dagli abitanti del luogo, controllato da Giovanni Battista Sardo di Tempio che aveva preso le armi per la Spagna.[7]

Il clima malsano dell'isola, infestata dalla malaria, aveva decimato le truppe spagnole. La conquista della Sardegna aveva richiesto due mesi e otto giorni, con un costo di circa cinquecento perdite, la maggior parte a causa di infermità, risultando tra le più sensibili quelle del brigadiere Francisco Morejón, tenente colonnello del reggimento delle *guardie spagnole* e quella del colonnello e capitano comandante dello stesso reggimento Ambrosio Enríquez de Cearrote, entrambi morti di malattia.

[7]   Secondo Gerba i fatti si svolsero in maniera diversa e meno romanzesca: vedi volume III

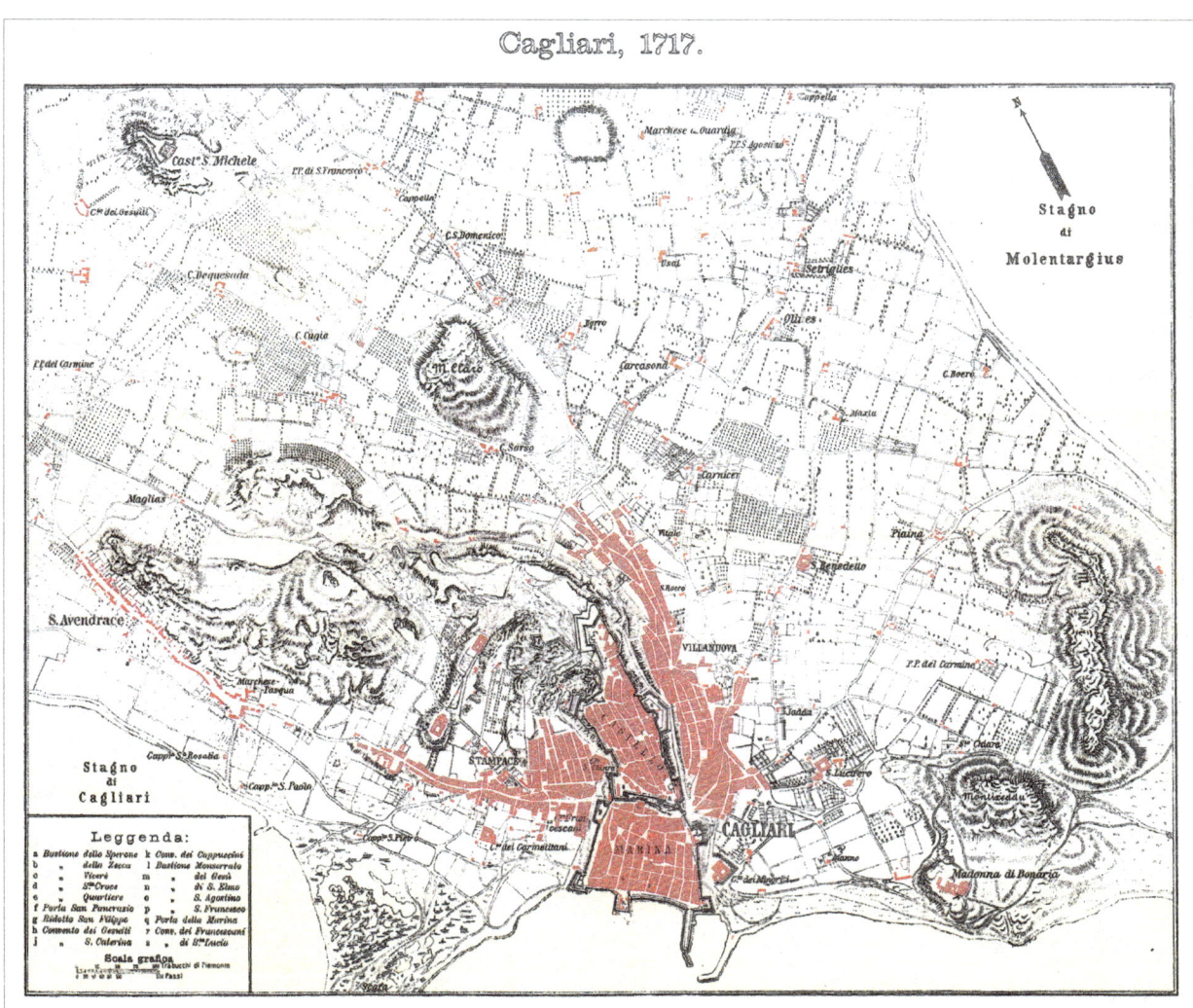

Cagliari, 1717.

▲ Cagliari e dintorni nel 1717 in una carta allegata al libro di Raimondo Gerba Guerre in Sicilia e Corsica ... (Campagne del Principe Eugenio di Savoia), Torino, Roux e Viarengo, 1901.

Il marchese di Lede, concesso ai suoi abitanti un indulto generale e riorganizzato il governo dell'isola, rispettandone le antiche leggi e le costituzioni, ritornò in Spagna con i battaglioni delle guardie, lasciandovi di guarnigione i sette battaglioni di fanteria, il reggimento *Rosellón viejo* (poi *Borbón*) e i dragoni. Come governatore rimase il tenente generale Joseph de Armendáriz, marchese di Castelfuerte, a cui succedette Gonzalo Chacón. Il 12 novembre partirono di ritorno le galere di Grimau ed il grosso della flotta salpò da Alghero il 18 seguente, portando a bordo i reggimenti delle guardie spagnole e vallone e lo stato maggiore del corpo di spedizione.

LA SPEDIZIONE DI SICILIA

Di nuovo in mezzo ad un gran segreto cominciarono i preparativi della campagna del 1718. Il segreto della spedizione era tale che neppure il viceré di Catalogna, Francisco Pio di Saboya, marchese di Castel Rodrigo, era stato informato dei piani, a causa della sua antipatia per Joseph Patiño. Nessuno conosceva l'obiettivo spagnolo e alla corte di Vienna si temeva che fosse Napoli o Milano, magari con l'appoggio di Vittorio Amedeo di Savoia. All'inizio dell'anno nei porti di Ceuta, Cadice, Malaga Alicante, Cartagena e Barcellona si imbarcarono e furono trasportati in Sardegna nove battaglioni di fanteria (due *Navarra*, due di *Asturias*, due di *Bajeles*, uno di *Aragón*, uno di *Madrid* e uno di *Milán*), sei squadroni di cavalleria dei reggimenti di *Flandes* e *Brabante* e otto squadroni dei dragoni di *Numancia* e *Lusitania*. Lo stesso convoglio imbarcò il tenente generale Gonzalo Chacón per sostituire nel governo della Sardegna Joseph de Armendariz, che come tenente colonnello appena promosso nel reggimento delle *guardie spagnole*, doveva comandarlo nella prossima spedizione (Nei reggimenti delle guardie i posti da capitano in su erano occupati da ufficiali aventi il grado di colonnello o di generale). Il maresciallo di campo Joseph de Amezaga fu destinato nell'isola come comandante in seconda e governatore di Cagliari, però a causa della sua prematura morte subentrò nel suo incarico il visconte del Puerto.

Il 10 maggio Joseph Patiño arrivò a Barcellona e il 12 vi giunse il marchese di Lede, che fu dichiarato capo della spedizione, seguiti poco dopo dal *jefe de esquadra* Antonio de Gaztaneta, cui venne affidato il comando in capo della flotta. Entrambi i capi militari per ordine del re rimanevano subordinati a Patiño.

Il marchese de La Mina presenta un quadro del corpo di spedizione destinato alla Sicilia, che per quanto si discosti leggermente dalla realtà dei fatti (alcuni ufficiali in esso indicati non andarono nell'isola) resta a tutt'oggi il più affidabile che sia trovato[8]:

Capitano Generale
Marques de Lede

Tenenti Generali
Don Lucas Spinola
Don Joseph Armendariz
El Conde de Glimes
Don Prospero Verbom [sic]
El Cavallero de Lede
El Marques de San Vizente [sic]
Don Juan Caracciolo
El Conde de Montemar.
Don Feliciano Bracamonte.

Marescialli di campo
El Marques de Villadarias
Don Antonio Pinately
El Baron Duart [d'Huart]
El Marques du Bus
Don Domingo Luquesi [Lucchesi]
El Conde de Zwevegem
El Marques de Resves [sic]
Don Geronimo Solis
Don Felipe Dupuis
El Conde de Roydeville

---

8   Marques de La Mina (Jaime Miguel de Guzman Davalos y Spinola), *Colección de cuadros y planos sobre la Guerra de Cerdeña y Sicilia*, Biblioteca Nacional. Madrid, Mss/6408, *Estado que manifiesta la expedicion que se hizo para Sicilia el año de 1718 ... n° 10.*

Don Pedro de Castro
Don Francisco Varis [sic]

Brigadieri
El Cavallero de Aragona [sic]
Don Pedro Chateaufort
Don Joseph Vallejo
Don Bartolome Busely [Boselli] Don Juan Armendariz
Don Diego Corada
Conde de Altomonte San Severino
Don Alexandro Carbon
Cavallero de Lalain [sic]
Don Carlos de Arizaga
Don Francisco Eboly
Don Luis Aponte
Don Bartolome Ladron
Don Martin Mayorca
Don Francisco Galindo
Don Eusebio Salazar
Don Juan de Gages
El Señor Tanqueur
Don Luis Porter
Marques de Moya
Don Reinaldo Macdonel
Don Francisco de Langueno

Comandava l'artiglieria il colonnello Sebastián de Matamoros e, gli ingegneri, l'*Ingeniero general* Verboom, coadiuvato dall'*Ingeniero en jefe* graduato colonnello Joseph de Bauffre.

Fanteria		
Reggimento	Battaglioni	Colonnello
Guardias Españolas	4	D. Joseph de Armendáriz, come Tenente colonnello del corpo
Guardias Walonas	4	Conde de Glymes, come Tenente colonnello del corpo
Castilla	2	Don Francisco Pueio
Guadalajara	2	Don Joseph Almazan
Saboya	2	Marqués de Moya Brigadiere
Córdoba	2	Don Felipe Solis
Burgos	2	Don Isidro Guimbarda
Valladolid	1	Don Joseph Gutierrez del Mazo
Cantabria	2	Don Carlos Arizaga Brigadiere
Asturias	2	Don Sebastian de Eslaba
Madrid	1	Don Francisco Galindo
Navarra	2	Don Manuel Navarra
Aragón	1	Don Manuel de Sada
Nápoles	1	Don Andres Aflito [sic]
Milán	1	Don Francisco Eboly Brigadiere
Irlanda	1	Don Reinaldo Macdonel Brigadiere
Hibernia	1	Don Lucas Patiño
Ultonia	1	Don Demetrio Macaulif
Borgoña	1	Baron Dutigueim [Doetinghen]
Utrech	1	Don Carlos Brodo [Brodot]
Henau	1	Conde de Bournonvile [sic] Non andò in Sicilia
Artilleria	1	Don Sebastian de Matamoros
Totale Battaglioni	36	

▲ *Sardegna (mappa contemporanea).*

Cavalleria		
Reggimento	Squadroni	Colonnello
Borbón	3	Marqués de Villalegre
Farnesio	3	Duque de Atre [Atri]
Milán	3	Don Francisco de Bustillos
Barcellona	3	Don Rodulfo Aquaviva
Brabante	3	Conde Altomonte Brigadiere
Flandes	3	Don Diego Corada Brigadiere
Andalucía	3	Don Juan Armendariz Brigadiere
Salamanca	3	Don Joseph Uribe
Totale squadroni	24	
Dragoni		
Reggimento	Squadroni	Colonnello
Batavia	4	Conde de Buceli [Boselli] Brigadiere
Frisia	4	Don Pedro Chateaufort Brigadiere
Tarragona	4	Don Joseph Grimau
Edimburgo	4	Conde Maoni [sic]
Numancia	4	Don Joseph Vallejo Brigadiere
Lusitania	4	Conde de Pezuela
Totale squadroni	24	

Treno d'artiglieria.

L'artiglieria era composta da un centinaio di cannoni e quaranta mortai, 1.500 muli per il treno, 600 artiglieri e bombardieri, una compagnia di minatori, una di operai e 1500 civili tra conducenti e altri addetti al servizio dell'artiglieria.

Ingegneri.

Il corpo di spedizione contava oltre cinquanta ingegneri, destinati però a occuparsi solo di lavori d'assedio.

Solo una parte dei 36.000 uomini e 8.000 cavalli che formavano la spedizione partì da Barcellona: molti corpi erano stati già mandati in Sardegna e si sarebbero riuniti al grosso in un secondo tempo. Secondo il marchese de La Mina la flotta consisteva in 29 navi da guerra, due brulotti, due bombarde e sette galere, con 276 navi e 123 tartane da trasporto[9]:

Nome delle navi	Comandanti	Cannoni	Equipaggio
San Phelipe el Real	Comandante gen. Don Antonio Castaneta [sic]	74	650
La Real	Jefe de esquadra el marqués de Mari	62	450
Principe de Asturias	Id. Don Fernando Chacon	72	450
San Luis	Id. Don Baltasar de Guevara	60	450
San Fernando	Id. Don Jorge Camoch.	60	450
Santa Isabel	Don Andres Regio [sic]	60	450
San Pedro	Don Antonio Arizaga	60	450
San Carlos	El Principe Chalois	60	450
La Hermiona	Don Rodrigo de Bay	60	450
Santa Rosa	Don Antonio Gonzalez	64	450
El Aguila	Don Lucas Masnata	36	300
La Juno	Don Pedro Moiano	36	300
La Sorpresa	Don Miguel de Sada	40	350
La Esperanza	Don Juan Maria Delfino	28	200
La Perla	Don Gabriel Alderete	60	450
El Puerco Espin	M. la Lande.	50	350
San Isidro	Don Manuel Villavicencio	50	350
San Phelipe	Don Francisco Liaño	30	200
El Burlandin	-	50	350

9   *Ibidem, Nombre de los navios ... n° 9*: v. anche CESAREO FERNANDEZ DURO, *Armada Española desde la unión de los Reinos de Castilla y de Aragón*, VI, Madrid, Est. Tipografico "Sucesores de Rivaceneyra", 1901 (rist. anast. Madrid, Museo Naval, 1973), p. 161 e il paragrafo dedicato alla marina in questo volume.

La Galera	Don Francisco Alvarez	40	350
San Fernando el pequeño	Don Francisco Fort	28	200
San Juanico	M. Bataville.	22	150
El Volante	Don Antonio Escudero	40	300
La Tolosa	Don Joseph Goicochea	30	200
El Leon	Don ... Casamara	20	180
El Tigre	-	50	350
La Flecha	Don ... Papachino	18	180
San Juan	Don Francisco Guerrero	60	450
Pingue Pintado	Don Gabriel Diaz	40	300
29 navi		1.360	10.110

Brulotti

Castilla	–
Leon	–

Bombarde

Santo Domingo	–
San Francisco	–

Galere

Capitana	Comandante Jefe de esquadra Don Francisco Grimau su Capitan Don Francisco Oliveira
Santa Teresa	Don Tomas de Villanueva.
San Genaro	Don Jeronimo de Zerezuela [sic].
San Phelipe	Don Nicolas de Espluga.
San Fernando	Don Antonio Caravallo.
La Soledad	Don Donato Domas.
La Patrona	Gefe de esquadra Don Pedro de Montemayor. su Capitan Don Martin Manrique

Seguiva la spedizione come ministro plenipotenziario del re (cioé di Alberoni) Joseph Patiño cui sia Lede, sia Gaztaneda dovevano rimettersi in caso di disaccordo.

LO SBARCO A PALERMO E LA MARCIA SU MESSINA

Alla fine di maggio era imbarcata la maggior parte dell'artiglieria, dei viveri e delle munizioni e ai primi del mese seguente cominciarono ad imbarcarsi la cavalleria e i bagagli dei generali; tra il 10 e il 15 giugno s'imbarcó la fanteria ed il 16 il marchese di Lede, Patiño, lo stato maggiore e l'amministrazione.

La flotta salpò le ancore il 19 giugno 1718, e già in alto mare i generali aprirono il primo plico di ordini, che li mandava a Cagliari per imbarcare nuove truppe, però senza rivelare l'obiettivo finale della spedizione. Dopo una traversata senza incidenti la flotta arrivò il 25 al capo di Pula, in Sardegna. Rimase nell'isola i giorni 25 e 26 rinnovando la scorta d'acqua e imbarcando il tenente generale Armendáriz insieme ai reggimenti di fanteria di *Milán* e *Irlanda*. Il 27 partirono e aprirono il secondo plico, nel quale gli si ordinava di dirigersi a Palermo. Dopo essere state colte da una burrasca, che non fece molti danni, il 30 le navi furono in vista di Palermo e il giorno seguente, 1º luglio, alle tre del pomeriggio, diedero fondo nella cala di Solanto, 15 miglia dalla città. Non appena dato fondo alle ancore, cominciò lo sbarco della fanteria spagnola, eseguito con tanta velocità e buon ordine che al calar delle tenebre era gran parte in terra. Il resto della notte ed il giorno seguente 2 si impiegarono a fare sbarcare il resto della fanteria e gran parte della cavalleria.

Lo stesso giorno si aprì il terzo piego di ordini, nel quale si nominava il marchese di Lede viceré e capitano generale del Regno di Sicilia.

Il giorno seguente, 3, l'esercito si mise in ordine di marcia fino e raggiunse il luogo detto *Torre dell'acqua dei Corsari*, otto miglia da Palermo, mentre veniva ultimato lo sbarco della cavalleria e degli equipaggiamenti. La mattina dello stesso giorno, il senato di Palermo mandò al campo spagnolo Giuseppe Riggio, marchese della Ginestra, con un tamburo, che fu ben accolto da Lede, il quale lo informò che aveva ordine di riportare il regno di Sicilia sotto la sovranità della Spagna[10].

Il senato palermitano, tramite i suoi ambasciatori Francesco Ferdinando Gravina, principe di Palagonia e Girolamo Gravina, principe di Montevago, chiese al marchese di Lede di accettare delle capitolazioni con le quali si garantiva il mantenimento dei privilegi antichi della città e Lede accettò immediatamente la proposta. Quella stessa mattina, il viceré sabaudo Maffei aveva lasciato la città diretto a Siracusa. [11]

Nel pomeriggio del 4 quattro compagnie di granatieri delle *guardie spagnole* entrarono in Palermo per sorvegliare gli accessi del castello di Castellamare, ove era rimasta una guarnigione sabauda. Due compagnie di granatieri dei reggimenti di *Saboya* e *Guadalajara* e un'altra di *guardie spagnole* occuparono il Forte del Molo e la Lanterna, che trovarono incustoditi. Nello stesso tempo la flotta levò l'ancora dalla cala di Solanto e diede fondo nella baia di Palermo, dove fu catturato un vascello da 64 cannoni recentemente costruito dai piemontesi. Verso sera cominciarono ad entrar le truppe spagnole nella città, e in pochi giorni prestò ubbidienza al re Filippo V praticamente tutta l'isola, eccetto le piazze di Messina, Siracusa, Trapani, Milazzo e il castello di Termini (oggi Termini Imerese), che erano ancora con guarnigione piemontese. Intanto il *jefe de escuadra* D. Fernando Chacón partì per la Sardegna con cento navi da trasporto scortate da quattro navi da guerra per imbarcare un secondo corpo di truppe di quelle che vi erano rimaste.

Il giorno 5 i difensori di Castellamare iniziarono a fortificare una mezzaluna, tra il Forte della Freccia e San Pietro, però un distaccamento spagnolo impedì loro il lavoro. Gli spagnoli cominciarono le opere d'assedio dalla parte di San Sebastianello, sotto il fuoco dell'artiglieria del castello.

Il giorno 6 mentre si procedeva a fare sbarcare l'artiglieria, il marchese di Lede entró a cavallo nella città di Palermo e prese possesso del Regno in nome di Filippo V. Confermò tutti i funzionari nei loro incarichi ed emanò un bando col quale chiamava alle armi i siciliani contro i "savoiardi". Fu nominato governatore di Palermo il tenente generale conte di Montemar e per subalterni il maresciallo di campo marchese Du Bus ed il brigadiere Luis de Aponte.

La notte tra il 7 al 8 luglio si cominciò l'attacco contro Castellammare, vicino alla porta di San Giorgio, contro la quale si misero in posizione tredici cannoni e quattro mortai, che aprirono il fuoco la mattina del 13. Dopo sei ore di fuoco si rese a discrezione il governatore del castello, e molti dei 400 prigionieri della guarnigione piemontese presero partito per la Spagna.

L'8 luglio si pose in marcia la cavalleria per via di terra, conducendo la prima divisione il tenente generale Spinola e il maresciallo di campo Villadarias, con i reggimenti di dragoni di *Batavia* e *Frisia*, e 500 fanti. Il 10 partì la seconda con Juan Caracciolo, il reggimento di cavalleria di *Farnesio* e quello di dragoni di *Edimbourg* ed il 12 il marchese di San Vicente marciò con il maresciallo di campo Dupuy con i reggimenti di cavalleria di *Milán* e *Barcellona* e 450 fanti. Il 14 si pose in marcia l'ultima divisione verso Messina con il tenente generale Bracamonte ed il maresciallo di campo Lucchesi, con i reggimenti di cavalleria di *Andalucía* e *Salamanca*.

Il 15 luglio cominciò l'imbarco della fanteria spagnola, che continuò il 16 e si concluse il 17. Lo stesso giorno

---

10   La popolazione secondo tutte le fonti accolse favorevolmente l'arrivo degli spagnoli; prima mostrando disaffezione alle autorità piemontesi e allegria per il *ritorno* delle truppe di Filippo V, ed in seguito allistandosi nei reggimenti che si crearono nel Regno, i quali presero parte attiva nella guerra. Benché le fonti non siano solite rifletterlo, numerose partite formate da paesani siciliani agirono ostilmente nei confronti delle truppe piemontesi e imperiali, soprattutto nelle operazioni di ricognizione, e in quelle di ricerca di viveri e foraggi. In alcune occasioni giunsero a veri e propri combattimenti con esse. Nello stesso modo prestarono un gran servizio come guide e portatori di messaggi. Agli inizi delle operazioni belliche, gli abitanti di Caltanissetta si opposero con le armi alle truppe del conte Maffei, causandogli un centinaio di perdite prima che riuscissero ad aprirsi il passaggio. Altro esempio della participazione delle milizie siciliane nella opposizione ai piemontesi è rappresentato dalle azioni di quelle agli ordini del maggiore Giorgio Licari, che coprivano l'avanguardia delle truppe spagnole. Particolarmente viva fu la resistenza contro le truppe imperiali, fino quasi agli ultimi giorni della presenza degli spagnoli nell'isola. Persino gli "Avvisi italiani di Vienna" accreditano la attività delle formazioni di isolani e la costante attenzione che ponevano ai comandi austriaci, spesso paralizzando i movimenti delle pattuglie e ostacolando gli spostamenti delle truppe.

11   Per le vicende della ritirata del viceré Maffei da Palermo a Siracusa e per gli altri provvedimenti difensivi dei sabaudi si rinvia al vol. I. di questa serie.

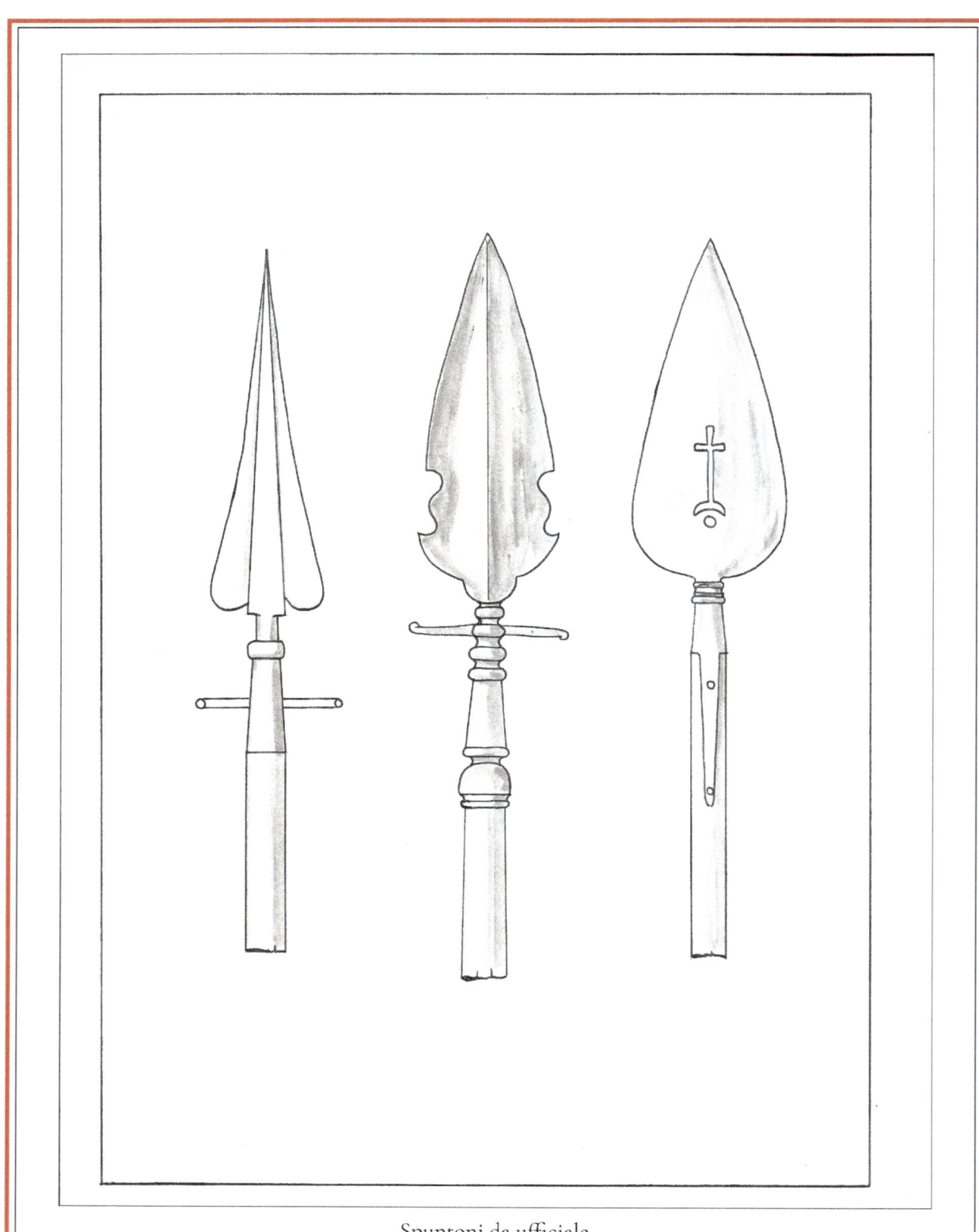

Spuntoni da ufficiale

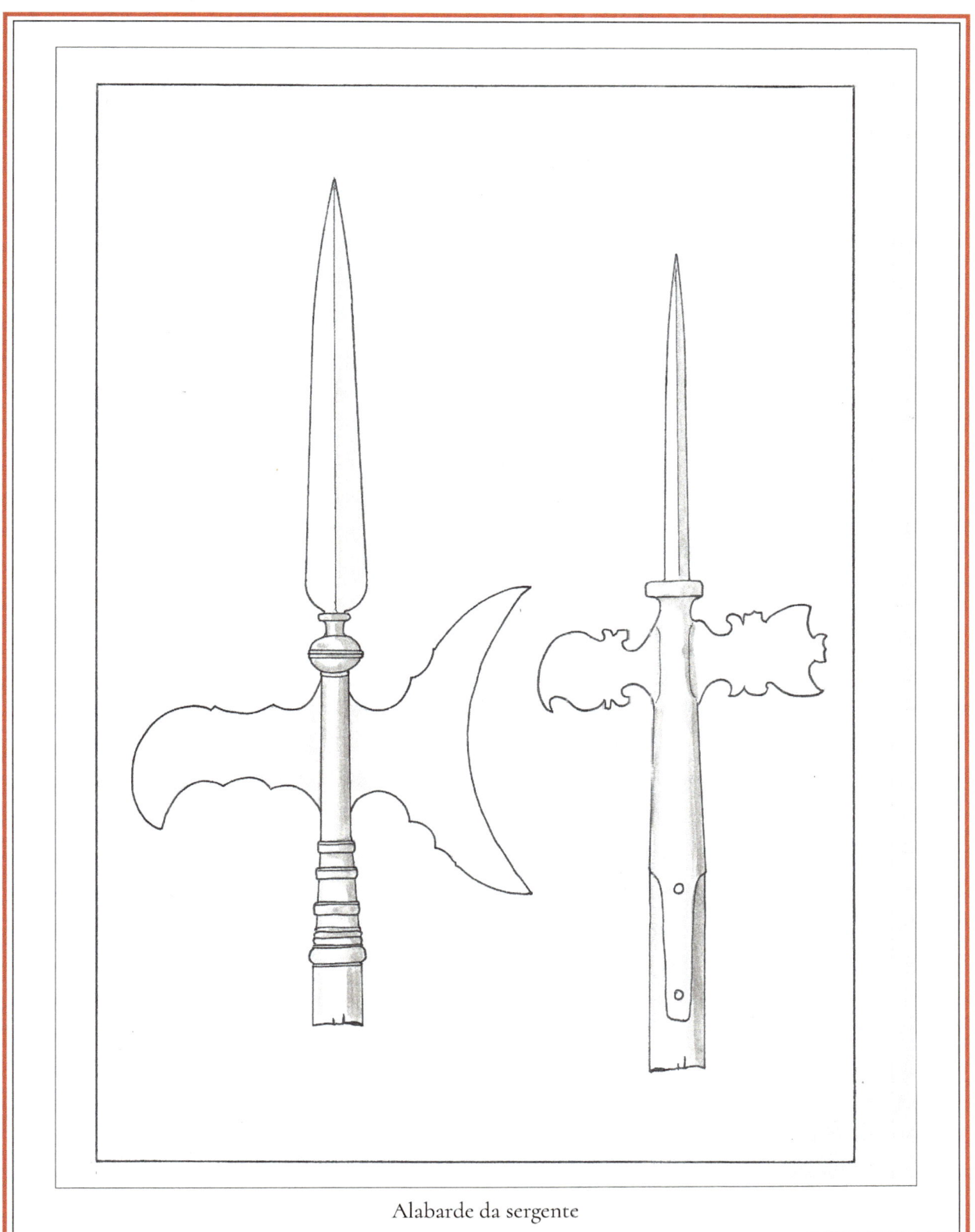

Alabarde da sergente

arrivò a Palermo da Cadice, un convoglio di settanta trasporti scortato dal vascello "*Santa Rosa*" con distaccamenti dei corpi dell'esercito, mentre il distaccamento di cavalleria di San Vicente entrò in Augusta, disarmata da tempo dai sabaudi che non avevano uomini sufficienti per difenderla.

Il 18 salpò verso Messina la flotta, nella quale era imbarcato il marchese di Lede, e la sua vicinanza provocò l'insurrezione dell'isola di Lipari, il cui governatore Giuseppe Margheria fu fatto prigioniero dal popolo, al quale si unì la guarnigione composta di invalidi spagnoli, di quelli rimasti nel 1713 quando fu evacuato il regno.[12]

Mentre le forze spagnole avanzavano, le piemontesi abbandonavano progressivamente le loro posizioni ritirandosi verso le piazzeforti, subendo attacchi dai paesani armati, che nella marina della Pagliara (oggi parte della città metropolitana di Messina) colsero in un'imboscata una partita piemontese diretta a rinforzare uno dei forti di Messina, salvandosi unicamente un ufficiale che montava un buon cavallo.[13]

Mentre ciò accadeva in terra di Sicilia, era entrata nel Mediterraneo la squadra dell'ammiraglio inglese George Byngs, composta da venti vascelli di linea con istruzioni di tentare di convincere gli Spagnoli a desistere da ogni ulteriore passo militare e di appoggiare le forze imperiali se si fosse giunti ad un conflitto in virtù del trattato della quadruplice alleanza, benché le galere di Sicilia, governate da capi savoiardi, si fossero già rifugiate nell'isola di Malta. Come è già stato indicato nel I volume di questa serie a cui si rinvia per maggiori dettagli, aveva il comando a Messina come generale delle armi il marchese d'Andorno, subalterno del conte Maffei e come governatore della piazza e cittadella il marchese di Entraives. Vedendo l'avanzata decisa degli spagnoli, diedero l'ordine di abbandonare Sant'Alessio ed i forti della Scaletta, la batteria di Porto Salvo ed il forte della Lanterna, concentrando tutte le loro forze nella cittadella di Messina; la guarnigione era stata rinforzata da 300 uomini del reggimento siciliano *Gioeni* e 300 svizzeri di *Hackbrett* portativi coi due vascelli comandati da Scarampi. Il 22 luglio la flotta spagnola cominciò ad arrivare a Messina e subito iniziò a sbarcare la fanteria in Sant'Agata, mentre il giorno dopo arrivò la cavalleria del generale Lucas Spinola. Alla sera del 22 il marchese di Lede pose piede in terra e subito quattro deputati del Senato di Messina gli presentarono la sottomissione della città, mentre il popolo si impadroniva delle porte facendole presidiare dalla milizia urbana.[14] Nella notte terminò lo sbarco della fanteria, che occupò il campo di Sant'Agata, ma all'alba del 24 cominciò a sparare l'artiglieria dei castelli, obbligando gli spagnoli a spostarsi sotto la muraglia di Sant'Andrea e nel torrente vicino a Santa Maria di Gesù. Quella mattina il quartier mastro generale Prospero Verboom uscì con otto compagnie di granatieri a riconoscere il terreno attorno a Messina e con esse occupò il Palazzo Reale e Terranova, abbandonati dal nemico. Lo stesso giorno entrarono nella città mille fanti e 200 cavalli con il maresciallo di campo conte di Roydeville, che si distribuirono nella piana di Santa Chiara, Palazzo Reale e piano di Sant'Elia. La notte del 27 Juan Bautista Merano, tenente colonnello del reggimento di *Castilla*, attaccò con i minatori, protetto dalle truppe del brigadiere Reinaldo Macdonell, il forte Castellaccio, nelle alture di Messina. Alle due della notte, poiché era stata caricata la mina, la guarnigione si rese a discrezione, uscendo i difensori la sera del 28. La stessa sera che si attaccò Castellaccio, si attaccò anche il castello di Mattagrifone, che si arrese a discrezione il 31. Nella parte occidentale dell'isola, la notte del 24 luglio il conte di Montemar si pose in marcia da Palermo con un corpo di tremila uomini dei reggimenti di *Valladolid*, *Cantabria*, *Nápoles* ed *Utrecht* e quello di dragoni di *Tarragona* con la missione di investire il castello di Termini (Imerese), che si rese a discrezione il 3 agosto, dopo una buona difesa costata agli spagnoli un centinaio di uomini. Le truppe tornarono a Palermo con i prigionieri, giungendo il giorno 8 seguente. Il colonnello Joseph Grimau partì per bloccare Trapani con 250 dragoni del suo reggimento *Tarragona*, che si pose a Marsala coadiuvato dalle milizie

12   GAETANO GIARDINA, *Memorie storiche del regno di Sicilia dall'anno 1718 al 1720*, Palermo, Luigi Pedone Lauriel, 1873, pp. 160-161.

13   *Salió un destacamento [piamontés] a reforzar el castillo [de Mesina] y paso estrecho de San Alejo el día 12, que ya estaba difundida la noticia de nuestra invasión por toda la isla, el cual halló inquietos y movidos los pueblos; y los de Saboca, Fiume de Nisi y otros unidos con los de la marina de la Palliara atacaron la expresada tropa y la derrotaron, sin salvarse de muerto, herido o prisionero más que un oficial ayudado de un caballo muy ligero que le trajo a dar informe del desastre a sus jefes.* **Guerra de Cerdeña y Sicilia en los años 1717-1720. Primera parte. BNM. Mss. 6310**, ff. 501-501v.

14   [VINCENZO MIGLIACCIO], *Vera, e distinta relazione de' progressi dell'Armi Spagnuole in Messina, e suo distretto*, Messina, Stamperia d'Amico, 1718, pp. 29-32.

locali di Monte San Giuliano (oggi Erice), Paceco, Marsala.[15]

Il 28 luglio giunse dalla Sardegna il generale Gonzalo Chacón con le truppe che era andato a raccogliere: si trattava dei reggimenti di cavalleria di *Borbón*, *Flandes* e *Brabante*, quelli di dragoni di *Numancia* e *Lusitania* e undici battaglioni di fanteria (due di *Córdoba* (già *Bajeles*), due di *Burgos*, due di *Navarra*, due di *Asturias*, ed i reggimenti di *Madrid*, *Aragón* e *Hainaut*) [16]. Rimasero di guarnigione in Sardegna due battaglioni di *Murcia*, uno di *Corcega* (già *Basilicata*), uno di *Cerdeña* nuovamente levato nell'isola, 300 dragoni e una compagnia di artiglieria. Sbarcarono a Palermo i reggimenti di *Borbón* e *Numancia* mentre il resto proseguì verso Messina. Il reggimento di dragoni di *Numancia* passò al sito della Florida, vicino a Siracusa e si incaricò del suo blocco il colonnello, brigadiere Joseph Vallejo, coadiuvato da reparti siciliani di milizia. Il reggimento di cavalleria di *Borbón* rimase a Palermo perché ai primi d'agosto giunse la notizia che la flotta inglese di Byng aveva passato il capo di Pula, in Sardegna.

La notte del 28 il conte di Roy-de-Ville cominciò l'attacco del forte di Gonzaga, mantenendosi un duro fuoco d'artiglieria fino al primo di agosto senza che il minatore potesse attaccare le mura. Quando appena si era dato inizio a scavare, alle due della mattina del 4 agosto inopinatamente la guarnigione si rese a discrezione, uscendo dal forte un capitano e cento uomini.

Il 1° agosto, quando cominciarono le operazioni contro la cittadella di Messina, l'esercito spagnolo constava di 29.000 uomini, di cui 6.530 di cavalleria e dragoni, distribuiti in 48 squadroni e 35 battaglioni. I primi dieci giorni si impiegarono ad accumular fascine e costruire batterie di mortai per battere la cittadella, la prima delle quali aprì il fuoco il 3 e la seconda il giorno seguente; un'altra batteria da sei cannoni diretta contro la porta di Pertugio, cominciò a sparare il 5, tutte controbattute dall'intenso fuoco della cittadella.

LA SQUADRA DELL'AMMIRAGLIO BYNG[17]

Avuta notizia dell'occupazione spagnola della Sardegna il governo britannico mise a punto un progetto di pacificazione, in base al quale Carlo VI, senza rinunciare formalmente alle sue pretese al trono spagnolo, doveva limitarsi a promettere di non minacciare Filippo V il Spagna e di procurare i ducati di Parma e Piacenza a suo figlio Carlo (l'estinzione dei Farnese era prevista a breve termine) se la Spagna avesse evacuato la Sardegna, che sarebbe passata ai Savoia in cambio della Sicilia[18]. Per "appoggiare" l'accettazione del progetto fu deciso di inviare nel Mediterraneo una squadra navale e nel gennaio 1718 furono emanati i primi ordini per riattare alcune navi e reclutarne gli equipaggi.

La *Royal Navy* costituiva un complesso formidabile per numero ed omogeneità delle navi, ma in tempo di pace quasi tutte erano in posizione di riserva (*Ordinary*), per cui la formazione di una squadra richiedeva diversi mesi. Le unità da guerra erano classificate in sei ranghi (*rates*) a seconda del numero dei cannoni:

Navi a tre ponti	1° rango (100 cannoni)
	2° rango (90 cannoni)
	3° rango (80 cannoni)
Navi a due ponti	3° rango (66 o 70 cannoni)
	4° rango (50 o 60 cannoni)
	5° rango[1] (40 cannoni)
Navi a un solo ponte	5° rango (30 cannoni)
	6° rango (20 cannoni)

Le navi dei primi quattro ranghi erano dette «di linea» e costituivano la «flotta di battaglia» (*battlefleet*) mentre quelle degli ultimi due erano adibite a compiti di scorta e pattugliamento. Salvo qualche preda bellica le navi erano state costruite in cantieri inglesi e quasi tutte erano armate secondo il «gun establishment» del 1716, che fissava tipo, peso e disposizione dei cannoni in base alle esperienze della guerra precedente. Vi erano poi le unità minori, come «avvisi» (*sloops*), galeotte a bombe, brulotti e altre ancora. Nel 1713 erano in servizio

---

15   Cfr. Isidoro La Lumia, *La Sicilia sotto Vittorio Amedeo II di Savoia*, 2ª ed., Livorno, Francesco Vigo, 1877, p. 242.

16   Secondo una lettera del console genovese a Cagliari *Hainaut* lasciò la Sardegna solo nel dicembre 1718: ASGe, Archivio Segreto, f. 2668.

17   Questo paragrafo e quello successivo sono stati curati da Paolo Giacomone Piana.

18   Paolo Alatri, *L'Europa dopo Luigi XIV*, cit., p. 158.

▲ *Stampa coeva della Sicilia. (collezione privata)*

◀ *Lo stretto di Messina (collezione pr.)*

DON JUAN CARACCIOLO
Mariscal de Campo
Primer Inspector General de Caballeria

▲ *A sinistra Jaime Miguel de Guzmán-Dávalos y Spínola, marchese de La Mina e conte di Pezuela ritratto in tarda età da Manuel Tramulles, Museo de Historia, Barcelona. A destra: Juan Caracciolo (genmarenostrum.com). Sotto stemma di cannone spagnolo del tempo.*

PHILIP.V.HISP

40.000 uomini tra marinai e fanti di marina, ma dopo il trattato di Utrecht erano stati conservati solo i marinai necessari per equipaggiare le poche navi in armamento mentre i compiti dei disciolti reggimenti di *marines* erano affidati a normali truppe di terra. In caso di emergenza il Parlamento aveva stabilito che gli equipaggi non potessero superare i diecimila uomini.

Ai primi di maggio si seppe che la squadra destinata al Mediterraneo «consisterà in 20 Vascelli di Linea, cioè uno di 96 Cannoni, 2 di 80, 9 di 70, 7 di 60, & uno di 50: oltre 2 Galeotte da Bombe, 2 Brulotti, un'Ospitale, & alcune Fregatte: Anzi s'asserisce, che vi s'aggiungeranno 12 à 15 altri Bastimenti da Guerra, in caso ch'il Progetto d'Aggiustamento trà le Corti di Vienna, e di Madrid non habbia luogo.»[19].

Al comando della squadra fu destinato l'ammiraglio George Byng, che nel 1716 aveva comandato quella inviata nel Baltico[20]: i suoi principali subordinati erano il vice-ammiraglio Charles Cornwall (che in quel momento comandava la squadra impegnata contro i corsari di Salé), il contrammiraglio George Delavall e il capitano George Saunders con funzioni di quartiermastro generale (poi detto *Captain of the Fleet*)[21].

Per riattare le navi non vi furono problemi, in quanto molte nell'anno precedente avevano fatto parte della flotta inviata nel Baltico e quindi i lavori necessari furono minimi. Anche ufficiali e sottufficiali furono trovati facilmente tra i tanti che la guerra finita di recente aveva lasciato senza impiego. La bassa forza fu reclutata con la «leva forzata» (la famigerata *press*), un sistema cui gli altri paesi facevano ricorso solo in caso di estrema necessità, mentre in Gran Bretagna era il modo normale di formare gli equipaggi. La legge permetteva di arrestare i marinai e persino di fermare i mercantili nei porti. Gli uomini così arruolati erano pratici del mestiere, naturalmente aggressivi e con un innato disprezzo per gli stranieri: la disciplina ferrea e la prospettiva del bottino (eufemisticamente detto *prize money*) ne faceva ottimi equipaggi. I fanti di marina erano indispensabili per tenere a freno gente di tal fatta: ad essi si provvide imbarcando i reggimenti destinati a dare il cambio alla guarnigione di Minorca, allora possedimento inglese.

Il 29 marzo l'ambasciatore spagnolo, marchese di Monteleone, presentò un memoriale nel quale si affermava che l'invio di questa squadra nel Mediterraneo avrebbe provocato la rottura delle relazioni diplomatiche, in quanto Filippo V «haverebbe motivo di pensare, che ciò si facesse più tosto à vantaggio della Casa d'Austria, che della sua»; ma gli fu risposto che l'invio della squadra era necessario al fine «di mantenere la Neutralità d'Italia contro tutti quanti la vorrebbero perturbare»[22]. Questa risposta era chiarissima e non lasciava dubbi sul futuro comportamento di Byng: eppure Alberoni, mostrando di ignorare i metodi sempre seguiti dagli inglesi in campo navale, prese questa e altre dichiarazioni alla lettera, vincolando Patiño e Gaztañeta con istruzioni scritte nelle quali si affermava che la mediazione britannica aveva un carattere pacifico.

Malgrado i sistemi di reclutamento "energici" l'allestimento della squadra prese più tempo del previsto, per cui Byng poté salpare da Spithead solo il 12 giugno, non più in tempo per impedire lo sbarco spagnolo in Sicilia. Gli *Avisi italiani* di Vienna scrivono che[23] «alli 12 alle ore 4 doppo pranso esso Ammiraglio si pose alla vela verso il Mediterraneo colla sua Squadra consistente in 20 Vascelli di Linea, oltre alcuni Brulotti, Galliotte à Bombe, &c. Essa Squadra doveva esser accresciuta in detto Mediterraneo dalle Navi da Guerra corseggianti contro i Pirati di Salè. Detti 20 Vascelli erano li seguenti.

---

19   *Avisi italiani*, 25 maggio 1718, n. 85.

20   JOHN KNOX LAUGHTON, *Byng, George*, in *The Dictionary of National Biography*, a cura di LESLIE STEPHEN, 2ª ed., III, London, Smith, Elder & Co., 1908, pp. 567-570.

21   Non usandosi ancora questo titolo, Saunders ufficialmente era il *1st Captain* della nave ammiraglia *Barfleur*, mentre il comandante effettivo, capitano Richard Lestock, era detto *2nd Captain* (Nella *Royal Navy* il grado di «capitano» equivale al «capitano di vascello» di altre marine).

22   *Avisi italiani*, 23 aprile 1718, nn. 66 e 67.

23   *Avisi italiani*, 2 luglio 1718, n. 111, che citano lettere di Spithead del 12 giugno; WILLIAM LAIRD CLOWES, *The Royal Navy. A History from the Earliest Times to the Present*, III, London, Sampson Low, Marston and Company, 1898, p. 30, scrive che Byng partì il 15, riprendendo Corbett, che però si riferisce alla partenza da St. Helens (isola di Wight), dove la squadra aveva dovuto rifugiarsi per il maltempo (cfr. [THOMAS CORBETT], *An account of the expedition of the British Fleet to Sicily, in the years 1718, 1719, and 1720*, 3ª ed. London, J. and R. Tonson, 1739, p. 11).

▲ L'ammiraglio George Byng, 1° Visconte Torrington, in un ritratto di Godfrey Knelier del 1720 (thepeerage.com).

Vascelli	Capitani	Huomini	Cannoni
Barfleur	Lestock	600	90
Dorsetshire	Fuzzar	520	80
Quercio [sic] Reale	Kemptone [sic]	520	80
Scheteuburi	Balchen	520	80
Kent	Matthews	460	70
Orford	Falckenham	460	70
Lenox [sic]	Strickland	460	70
Essex	Rosiers	460	70
Breda	Harris	460	70
Capitano	Hamilton	460	70
Grafton	Hoddock	460	70
Dunkerca	Drake	460	70
Burford	Vam Brugh	365	60
Rippon [sic]	O'Brian	365	60
Montagu	Beverlei	365	60
Cantorberi	Walton	365	60
Superbo	Masters	365	60
Ruperto	Feild	365	60
Dreadnough	Hodock	365	60
Rochester	...	210	50

All'altezza di Gibilterra Cornwall con le navi *Argyle* e *Charles Galley*[24] si unì alla squadra che il 23 luglio giunse a Mahón, dove le truppe furono sbarcate e sostituite con i reggimenti di O'Hara (*Royal Fusiliers*), Stanwix, Whetham (*Royal Inniskilling*) e Sankey's fino ad allora di presidio a Minorca[25].

Nel pomeriggio del 1° agosto le navi di Byng diedero fondo nella rada di Napoli; la squadra salpò la sera del 5 agosto, scortando alcune tartane che portavano a Reggio (Calabria) duemila uomini di rinforzo[26].

Il 5 agosto arrivò a Messina un'imbarcazione di bandiera francese procedente da Napoli, avvertendo che il 31 luglio era entrata in quel porto la squadra dell'ammiraglio Byng: il giorno dopo l'*Aguila de Nantes* e la *Flecha* andarono a incrociare all'altezza dell'isola di Stromboli, con ordine di comunicare ogni avvistamento[27]. L'8 agosto gli spagnoli seppero che gli inglesi si stavano avvicinando: la loro flotta era allora ancorata in località "Paradiso", nei pressi di Messina, dopo aver sbarcate tutte le truppe, ma solo parte del materiali, molti dei quali si trovavano ancora a bordo dei trasporti. Mancavano i due vascelli *San Luis* e *San Juan* che formavano la divisione del *jefe de escuadra* Baltasar de Guevara inviata a Malta pensando di poter prendere possesso della galee sabaude ivi rifugiatesi e bloccate dalla diserzione di gran parte dei marinai siciliani.

Non appena ebbe notizia dell'approssimarsi degli inglesi, D. Antonio de Gaztaneta ordinò a tutti quanti erano scesi a terra di portarsi a bordo e convocò un consiglio di guerra per decidere il da farsi, al quale presero parte i quattro *jefes de escuadra* presenti (Gaztaneta, Mari, Chacon e Cammock)[28], il marchese di Lede e Jose Patiño quale "*intendente general de Marina*"[29].

---

24   La *Charles Galley* era una delle poche navi britanniche dotate di remi, utili in un mare come il Mediterraneo dove le "calme" di vento erano frequenti: cfr. ALDO ANTONICELLI, *Oared Square Rigged Warships in the Eighteenth-century Mediterranean*, in *The Mariner's Mirror*, 103:2 (2017), pp. 205-206.

25   Nel 1751 i reggimenti inglesi cessarono di essere designati con i nomi dei loro colonnelli ed adottarono dei numeri: i quattro reggimenti divennero allora 7°, 12°, 27° e 39°.

26   *Avisi italiani*, 24 agosto 1718, n. 141 e 27 agosto 1718 n. 144.

27   GAETANO GIARDINA, *Memorie storiche del regno di Sicilia dall'anno 1718 al 1720*, in "Diari della città di Palermo dal secolo XVI al XIX", volume XI, a cura di Gioacchino di Marzo, Palermo, Luigi Pedone Lauriel, 1873 (rist. anast. Bologna, Arnaldo Forni Editore, s.d.), p. 196.

28   Pare che tutti gli ammiragli spagnoli avessero lo stesso grado, compreso Gaztaneta che era al comando avendo la maggiore anzianità di grado: cfr. CESAREO FERNANDEZ DURO, *Armada Española desde la unión de los Reinos de Castilla y de Aragón*, VI, Madrid, Est. Tipografico "Sucesores de Rivadeneyra", 1901 (rist. anast. Madrid, Museo Naval, 1973), p. 141.

29   Patiño ufficialmente non esercitava alcun comando, ma Alberoni aveva ordinato ai comandanti dell'esercito e della flotta di non decidere nulla senza il suo parere, che in caso di discordia doveva essere decisivo: cfr. Marques de San Felipe (Vicente Bacallar y Sanna), *Comentarios de la Guerra de España e Historia de su Rey Felipe V, el Animoso*, Edicion y estudio preliminar de D. Carlos Seco Serrano, Madrid, Biblioteca de Autores Espanoles, 1957, p. 285.

▲ *La flotta dell'ammiraglio Byng all'ancora nella baia di Napoli il 1° agosto 1718 di Kaspar Botler (National Maritime Museum, Greenwich).*

La maggioranza degli intervenuti era dell'opinione che si dovessero prendere precauzioni in vista di un attacco di sorpresa, anche in considerazione del fatto dell'inferiorità della flotta spagnola, che disponeva di solo sei "vere" navi da guerra (sette contando il *Príncipe de Asturias*), mentre il resto erano solo mercantili armati. Il *jefe de escuadra* Jorge Cammock, un irlandese giacobita che aveva servito nella *Royal Navy*, propose che le navi spagnole rimanessero nella rada del «Paradiso» dove, con il sostegno delle batterie di terra, avrebbero potuto sostenere validamente il prevedibile attacco inglese. Ma Patiño e Gaztañeta si opposero, sulla base degli scritti di Alberoni, secondo cui quella squadra era inviata solo per giungere a una mediazione, essendo gli interessi del commercio inglese contrari a un conflitto con la Spagna[30].

Fu quindi deciso di allontanarsi per evitare che un contatto troppo stretto tra le due flotte provocasse qualche incidente. È indubbio che se gli spagnoli si fossero sistemati a difesa mostrandosi ben decisi a vender cara la pelle, Byng avrebbe esitato ad attaccarli, poiché lo scontro, anche vittorioso, gli sarebbe costato molto caro. Corbett scrive che se la proposta di Cammock fosse stata accolta, Byng avrebbe avuto molte difficoltà, tra l'altro perché la corrente troppo forte avrebbe reso impossibile conservare le navi in linea di battaglia, annullando buona parte della superiorità data agli inglesi dall'omogeneità delle navi e dalle qualità manovriere degli ufficiali[31].

LA SORPRESA DI CAPO PASSERO

L'11 agosto 1719 al largo della costa sud-orientale della Sicilia si svolse una serie di combattimenti isolati, che non meritano il nome di «battaglia di Capo Passero» con cui sono passati alla storia[32]: Alfred Thayer Mahan, il teorico del «*sea power*», ha scritto che quanto avvenne tra Siracusa e Capo Passero fu un attacco di sorpresa contro le navi di una nazione contro la quale la Gran Bretagna non era in guerra[33].

Il 9 agosto, quando gli inglesi arrivarono in vista di Torre del Faro, la flotta spagnola, messo Patiño a terra,

30   Cesáreo Fernández Duro, *Armada española*, VI, cit., pp. 144-145.
31   [Thomas Corbett], *An account*, cit., pp. 21-22.
32   I citati lavori di Corbett (pp. 17-21) e Clowes (pp. 33.38) danno la versione inglese dei fatti, basata sulla relazione ufficiale di Byng, pubblicata in traduzione italiana in *Avisi italiani*, 17 Settembre 1718, n. 156; v. anche la traduzione di una lettera del cap. Walton in *Avisi*, 31 agosto 1718, n. 146. La versione spagnola, alquanto differente, in *Relacion veridica del combate que el dia once de Agosto de mil setecientos y diez y ocho, huvo entre la Armada de España, y la de Inglaterra, en las Costas Orientales de Sicilia, y en el Canal de Malta*, Madrid, Imprenta de Juan de Aritzia, s.d., pubblicata poco dopo gli avvenimenti; v. anche Gaetano Giardina, *Memorie storiche*, cit., pp. 196-204.
33   Alfred Thayer Mahan, *The influence of Sea Power on History 1660-1783*, Boston, Little, Brown and Company, 1890, pp. 236-237.

▲ *La battaglia di Capo Passero in una stampa dell'epoca (National Maritime Museum, Greenwich).*

salpò le ancore e fece vela verso sud, lasciando quasi tutti i trasporti nelle acque di Messina e dislocando le navi *Tolosa* e *San Fernando el chico* in osservazione presso capo Peloro: «Nel mattino del 9 i vascelli da guerra spagnoli furono visti levare l'ancora e radunarsi davanti alla Cittadella ... dopo di che assunsero disordinatamente formazione di battaglia e misero la prua a levante risalendo la costa verso il Faro, seguiti nel pomeriggio dalle galere all'ancora nella rada della Madonna di Loreto. Rimasero alla fonda le navi da trasporto e una da guerra, di scorta, mentre due vascelli si dislocarono, in osservazione, al largo di Capo Peloro, ove sostarono fino a sera. [...] Il giorno dopo [10 agosto], sul mezzogiorno all'imboccatura dello stretto apparve la flotta inglese composta di 21 vascelli. Era in ordine di battaglia con le navi pronte al combattimento. Al suo arrivo il naviglio da trasporto al servizio della Spagna (composto da navi francesi, genovesi, fiamminghe e di altre nazionalità) si arrese e ad esse fu ordinato di recarsi a Reggio.»[34]

Un quadro preciso di quante e quali navi disponesse Gaztaneta in questo momento sembra non sia stato mai pubblicato; una fonte contemporanea è rappresentata dalla tavola intitolata "Armata Navale di Spagna in forma di battaglia" inserita nel libro *Vera, e distinta relazione de' progressi dell'Armi Spagnuole in Messina, e suo di-*

[34] ALBERICO LO FASO DI SERRADIFALCO, *I Piemontesi in Sicilia. L'assedio di Messina (luglio-settembre 1718)*. in «Studi Piemontesi», vol. XXXII, fasc. 2 (dicembre 2003), pp. 473-497 (in part. pp. 481-482), articolo che si basa sul manoscritto dell'Archivio di Stato di Torino *Rélation du siège de Messina faite par Monsieur. le Marquis d'Entraives.*

stretto, attribuito a Vincenzo Migliaccio e stampato a Messina, Stamperia d'Amico, nel 1718[35]. In essa la flotta spagnola appare così composta:

PRIMA LINEA

1) *S. Filippo il Reale*. Nave Capitana, sotto il Comando del Sig. Generale Castagnetta, con Cannoni 74.

2) *Il Prencipe d'Asturias*. Sotto il Governo del Capo Squadra D. Ferdinando Ciaccon, con Cannoni 64.

3) *S. Ferdinando il Grande*. Sotto il Governo del Capo Squadra D. Giorgio Kamoch, con Cannoni 62.

4) *S. Isabella*. Sotto il Governo del Coronello D. Andrea Reggio, con Cannoni 62.

5) *S. Pietro*. Sotto il Comando del Coronello, D. Antonino de Areizaga, con Cannoni 62.

6) *S. Carlo*. Sotto il Comando del Coronello, Principe Chaloix, con Cannoni 62.

7) *L'Armiona* Fragata. Comandata dal Capitano D. Giovanne de Torres, con Cannoni 50.

▲ *L'ammiraglio Antonio de Gaztañeta y Iturribalzaga, ritratto anonimo conservato nel palazzo Arrietakua, di Matriku, suo paese natale (El Diario Vasco).*

8) *L'Aquila* Fragata, Governata dal Capitano, D. Luca Masnata, con Cannoni 40.

9) *La Giunone* Fragatina. Comandata dal Capitano D. Pietro Moyano, con Cannoni 34.

10) *La Sorpresa* Fragatina. Comandata dal Capit. D. Michele de Sada, con Cannoni 34.

11) *La Speranza* Fragatina. Comandata dal Cap. D. Giovan M. Delfino, con Cannoni 28.

12) *S. Ferdinando il Piccolo* Fragatina. Comandata dal Capitano, D. Francesco Liario, con Cannoni 28.

13) Burlotto.

14) Palandra con Cannoni 6.

SECONDA LINEA

15) *La Reale*. Comandata del [sic] Capo Squadra Marchese Mary con Cannoni 62.

16) *S. Rosa*. Comandata dal Coronello [sic] D. Antonio Gonzales, con Cannoni 62.

17) *La Perla* Fragata. Comandata dal Cap. D. Gabriele de Alderete, con Cannoni 50.

18) *Il Porco Spino* Pinco. Comandato dal Capitano D. . . . Del Castillo, con Cannoni 40.

19) *S. Isidoro* Fragata. Comandata dal Capitano D. Emanuele Villavicenzio, con Cannoni 50.

20) *S. Giovanni il Piccolo* Fragatina. Comandata dal Capitano, D. . . . . . . con Cannoni 34.

21) *La Galera* Fragatina. Comandata dal Cap. D. Francesco Alvarez con Cannoni 30.

22) *Il Volante* Fragatina. Comandata dal Capitano D. Antonino Escudero con Cannoni 24.

23) *Il Conte Tolosa* Fragatina. Comandata dal Capitano, D. Giuseppe Goycoechea, con Cannoni 24.

24) *Il Leone* Fragatina. Comandata dal Capitano, D. . . . . . . con Cannoni 20.

---

35   Riprodotta nel volume I di questa serie, a pag. 23.

25) *La Tigre* Fragatina. Comandata dal Capitano, D. . . . . . . con Cannoni 20.

26) Palandra con Cannoni 6.

SQUADRA DELLE GALERE

27) *Capitana*. Comandata dal Capo Squadra D. Francesco Grimau, e Capitan D. Francesco Angelo de Olivares.

28) *Padrona*. Comandata del Capo Squadra D. Pietro de Montemayor, e Capitan D. Giuseppe Emanuele Manrriquez.

29) *S. Filippo*. Comandata dal Capitano D. Nicola Espluga.

30) *S. Teresa*. Comandata dal Capitano D. Tomaso Luigi de Villanuova.

31) *La Solitudine*. Comandata dal Capitano D. Donato Domas.

32) *S. Gennaro*. Comandata dal Capitano D. Geronimo Cerezuela.

33) *S. Ferdinando*. Comandata dal Capitano D. Antonio Caravallo.

La composizione della squadra di Byng era la seguente[36]:

Nave	Cannoni	Comandante

Squadrone bianco (Avanguardia)
(Vice-Amm. Charles Cornewall, sul *Shrewsbury*)

Nave	Cannoni	Comandante
Canterbury	60	Cap. George Walton
Argyle	54	Cap. Coningsby Norbury
Dreadnought	60	Cap. William Haddock
Burford	70	Cap. Charles Vanbrugh
Shrewsbury	80	Cap. John Balchen
Essex	70	Cap. Richard Rowzier
Rippon	60	Cap. Christopher O'Brien

Squadrone rosso (Centro)
(Ammiraglio Sir George Byng, sul *Barfleur*)

Nave	Cannoni	Comandante
Grafton	70	Cap. Nicholas Haddock
Superbe	64	Cap. Streynsham Master
Lennox	70	Cap. Charles Strickland
Barfleur	90	Cap. Richard Lestock
Breda	70	Cap. Barrows Harris
Rupert	60	Cap. Arthur Field
Orford	70	Cap. Edward Falkingham

Squadrone turchino (Retroguardia)
(Contramm. George Delavall, sul *Dorsetshire*)

Nave	Cannoni	Comandante
Captain	70	Cap. Archibald Hamilton
Dunkirk	50	Cap. Francis Drake
Royal Oak	70	Cap. Thomas Kempthorne
Dorsetshire	80	Cap. John Furzer
Kent	70	Cap. Thomas Mathews
Montagu	60	Cap. Thomas Beverley
Charles Galley	40	Cap. Philip Vanbrugh

Non in linea

Brulotto *Griffin*

36   Questo ordine di battaglia riproduce quello pubblicato in WILLIAM. LAIRD CLOWES, *The Royal Navy*, III, *cit.*, p. 34, integrandolo con altre fonti e omettendo alcuni particolari per renderlo più comprensibile. Per le caratteristiche delle singole navi v. RIF WINFIELD, *British Warships in the Age of Sail 1714-1792. Design, Construction, Careers and Fates*, Barnsley (S. Yorks.), Seaforth Publishing, 2007.

▲ *La battaglia di Francavilla. Movimenti degli imperiali.*

Brulotto *Guarland*
Galeotta a bombe *Basilisk*
Galeotta a bombe *Blast*
Nave ospedale *Loo*[37]
Nave magazzino *Success*

Non tutte queste navi presero parte al combattimento: un vascello e una bombarda furono lasciati a sorvegliare i trasporti e diverse navi non arrivarono in tempo per prendere parte ai combattimenti.

La mancanza di vento ostacolò i movimenti delle navi spagnole, obbligate a farsi trainare dalle proprie scialuppe o dalle galee, e ben presto la formazione della squadra di Gaztañeta si dissolse. Era la situazione ideale per distruggere senza rischio le navi nemiche, che sarebbero state attaccate isolatamente da due o tre navi alla volta, e Byng non se la lasciò sfuggire. È ozioso chiedersi chi abbia sparato il primo colpo a Capo Passero: basta un'occhiata alla carta geografica per rendersi conto che se la flotta inglese aveva seguito gli spagnoli da Messina a Siracusa poteva avere un solo scopo.

Il primo scontro la mattina dell'11 agosto, quando la retroguardia spagnola al comando di Mari venne assalita dal commodoro Walton con le navi *Canterbury*, *Rochester*, *Argyle*, *Dunkirk*, *Dreadnought*, *Rippon*, *Success*, e *Loo*. Colte di sorpresa, le navi spagnole cercarono scampo sotto costa: alcune furono incendiate, *Real*, *San Isidro* e *Águila de Nantes* furono catturati, mentre Mari e molti uomini degli equipaggi riuscirono a trovare scampo a terra. Le stesse navi inglesi assalirono la *Sorpresa* di Miguel de Sada, che si arrese dopo un accanito combattimento. Quando Byng raggiunse il grosso spagnolo, diverse navi circondarono il *San Felipe el Real*, che resistette fin verso l'imbrunire, quando fu costretto ad arrendersi avendo subito oltre duecento perdite, compreso lo stesso Gaztaneta gravemente ferito. La *Volante* comandata da Antonio Escudero, cercò di soccorrere l'ammiraglia, ma assalita contemporaneamente da tre navi nemiche fu costretta a sua volta ad arrendersi. Il *Príncipe de Asturias* fu attaccato da tre navi inglesi e si arrese solo quando già cominciava ad affondare. La *Santa Rosa* di Antonio Gonzalez combattè per ore prima di arrendersi, e le stesso fece la *Juno* del capitano Pedro Moyano. La

---

37   La *Loo* (o *Looe*) era una nave di 6° rango da 42 cannoni adattata a nave ospedale con equipaggio ridotto.

Tav. 1 Granatiere e ufficiale superiore a cavallo del reggimento delle Guardie di fanteria spagnole.

Tav. 2 Ufficiale inferiore e sergente del reggimento delle Guardie di fanteria spagnole.

Santa Isabel, comandata dal nobile siciliano Andrea Reggio, resistette tutta la notte, malgrado avesse perso il timone, e si arrese solo la mattina del 12. La *Perla* e il *San Juan el Chico*, che avevano combattuto disperatamente, poterono salvarsi grazie alla protezione dei due vascelli *San Luis* e *San Juan Bautista*, provenienti da Malta, che fecero una breve apparizione sul luogo del combattimento; anche il *San Fernando*, col *jefe de escuadra* Jorge Cammock, poté mettersi in salvo, rifugiandosi addirittura a Corfù e raggiungendo poi Malta, dove si riunirono altre navi spagnole scampate al combattimento. Le galee poterono salvarsi grazie al loro basso pescaggio, che permise loro di sfuggire alle navi inglesi portandosi su fondali molto bassi dove queste non potevano inseguirle; dopo aver circumnavigato l'isola raggiunsero Palermo e di lì Messina, tornando subito a combattere. Gli inglesi catturarono le navi *San Felipe el Real*, *Príncipe de Asturias*, *San Carlos*, *Real*, *San Isidro*, *Águila de Nantes*, *Sorpresa*, *Santa Isabel*, *Santa Rosa*, *Volante* e *Juno*, che furono portate a Minorca (allora possedimento inglese) dove rimasero fino alla conclusione della guerra, quando furono restituite alla Spagna, salvo il *San Felipe el Real*, esploso per cause ignote all'arrivo nel porto di Mahon. Vi è molta incertezza riguardo le perdite umane, anche perché gran parte dei prigionieri furono rilasciati dopo i combattimenti: pare che si siano salvati circa 2600 uomini[38].

Le perdite inglesi non furono lievi, per quanto essi abbiano inizialmente sostenuto di aver perso appena 160 uomini tra morti e feriti. Secondo una lista pubblicata di lì a poco «vi furono uccisi 6 Uffiziali, & altri 8 Feriti, tutti Tenenti, e 196 Marinari uccisi, e 202 altri feriti»; inoltre il vice ammiraglio Cornwall morì a Lisbona per le ferite ricevute nel combattimento[39].

L'ASSEDIO DELLA CITTADELLA DI MESSINA

Mentre in mare si decideva il futuro della campagna[40], in terra continuava l'assedio della cittadella di Messina, costruendo nuove batterie gli assedianti e gli assediati battendo con la loro artiglieria le opere dei nemici. Il 12 alla mattina cominciò a sparare la batteria delle scalinate della Sanità contro il Salvatore ed il 13 si unì al fuoco il fortino di Porto Salvo. Il 15 si generò una sollevazione del popolo nella città che si lanciò in armi per le vie cercando i sostenitori del *duca di Savoia* per eliminarli, e solo l'intervento del marchese di Lede evitò un massacro.

A Messina il marchese di Lede e l'intendente Patiño convocarono un consiglio di guerra nel quale fu risolto di continuare l'assedio della cittadella, affidando a Verboom il tracciare gli attacchi e a Sebastián de Matamoros la disposizione delle batterie, contando su di un treno di artiglieria di cento cannoni da 24 libbre, sei da 16 e ventiquattro da 8 e 4 e trenta mortai: venti da 12 pollici e dieci da 10, 9 e 7, più quattro pietriere. Fu nominato governatore della città il tenente generale Luca Spinola, nomina accolta con favore dagli abitanti perché aveva già prestato servizio nell'isola agli ordini del marchese de los Balbases.

La notte del 24 al 25 d'agosto venne aperta la trincea, respingendo nei giorni successivi piccole sortite della guarnigione. Il 28 agosto si arrese agli spagnoli il forte della Mola, che dominava la città di Taormina. Il fuoco d'artiglieria sulla cittadella di Messina venne crescendo man mano che si allestivano nuove batterie di mortai e cannoni benché a costo di gran quantità di perdite.

Alla mezzanotte tra il 22 ed il 23 settembre gli assediati fecero una grossa sortita con 200 granatieri dei reggimenti di *Guido Starhemberg* e *Wetzel* sostenuti da altri 300, però furono respinti dai battaglioni delle *guardie spagnole* con severe perdite. Di nuovo alle nove della notte del 28 al 29, sei compagnie di granatieri spagnoli attaccarono la prima linea di sbarramento, sostenute da altri mille granatieri, tutti agli ordini del maresciallo

38   Cesáreo Fernández Duro, *Armada española*, VI, *cit.*, p. 156.
39   *Avisi italiani*, 29 ottobre 1718, n. 182) e 3 dicembre 1718, n. 203).
40   Infatti l'esito della battaglia comportò il dominio del mare da parte degli inglesi e la possibilità di fare giungere trasporti e rifornimenti di uomini e mezzi dal regno di Napoli alla Sicilia; solo qualche legno spagnolo sporadicamente superava le maglie della rete costituita dalla flotta inglese. L'esercito spagnolo in Sicilia rimase quasi del tutto tagliato fuori dalle comunicazioni con la madrepatria.

di campo marchese di Villadarias.

Il tentativo non ebbe successo, ma contribuì a far fallire una sortita dei difensori guidata dal generale Rohr. I granatieri che stavano ripiegando piombarono sugli uomini di Rohr, il quale non fu in grado di riordinarli, restando prigioniero con tre dei suoi ufficiali e molti della testa dell'avanguardia, oltre a subire molte perdite. Gli altri rientrarono nella piazza, seguiti da nove granatieri spagnoli, che entrarono così nella cittadella, ma furono fatti prigionieri (per il loro valore in seguito il re concesse loro uno scudo di aumento sulla loro paga). Alle dieci della mattina del giorno seguente 29, gli assediati chiesero di capitolare. Accettata la capitolazione, gli austriaci uscirono dalla cittadella e s'imbarcarono verso la Calabria; la guarnigione piemontese lo fece il 2 ottobre seguente. La cittadella di Messina si difese 37 giorni con trincea aperta, dal 25 agosto fino al 30 settembre 1718 e l'assedio costò all'esercito spagnolo 30 ufficiali e 1.222 sottufficiali e soldati feriti; morti 14 ufficiali e 1.088 di truppa, oltre a cinque ingegneri feriti e quattro morti. Rimase come governatore il tenente generale Spinola e come guarnigione il secondo battaglione del reggimento di *Córdoba* ed i primi di *Burgos* e *Navarra*. Il reggimento di *Madrid* marciò a Palermo a rilevare quello di *Utrecht*, che doveva unirsi all'esercito.

BATTAGLIA E ASSEDIO DI MILAZZO

Il 7 ottobre lo stesso esercito che conquistò Messina passò ad assediare Milazzo, marciando in due corpi: il primo formato dalle *guardie spagnole*, il reggimento di fanteria di *Castilla* e quello di dragoni di *Batavia* comandati da Joseph Armendáriz, giunse a Milazzo il 5 ottobre e si mise in linea con i corpi che erano già sul posto. Mentre il marchese Verboom procedette alla ricognizione della piazza, il maresciallo di campo Domenico Lucchesi bloccava Milazzo con il reggimento di cavalleria di *Salamanca* e quello di dragoni di *Lusitania*, benché con poco rigore, permettendo l'entrata di viveri e persone nella piazza. Arrivati i rinforzi, il brigadiere Francisco Galindo con 500 granatieri ed il conte di Pezuela con 300 dragoni obbligarono la guarnigione a rinchiudersi nella piazza, difesa dal tenente colonnello Misseglia e circa ottocento soldati piemontesi[41]. Il giorno 8 arrivò il conte di Zweveghem con due battaglioni di *Guadalajara*, uno di *Aragón*, quello di *Borgoña* e quello di *Milán*. Nel mentre sabaudi ed austriaci non dormivano e continuamente giungevano a Milazzo convogli con truppe di rinforzo e munizioni. Il 28 settembre era giunto dalla Calabria il generale tedesco Wallis in due galere napoletane e diciotto tartane, trasportando tremila soldati di fanteria e cavalleria, denaro e munizioni da bocca e da guerra. Il 13 ottobre giunsero due grandi convogli scortati da legni inglesi e napoletani ed i giorni seguenti per la via di mare continuarono a pervenire ulteriori soccorsi. Uno di questi convogli tentò di eseguire uno sbarco verso la casa-forte di Spatafora, due leghe da Milazzo, però furono respinti da un distaccamento di cento dragoni spagnoli che la difendevano, affondando con una cannonata una tartana che portava due compagnie di granatieri.

La notte del 13 ottobre entrò nel campo spagnolo la brigata irlandese composta dai tre battaglioni di *Irlanda*, *Hibernia* e *Ultonia*, comandata dal maresciallo di campo Solís.

Il 14 essendo ufficiali di giornata Armendáriz e Zweveghem, aumentarono i segnali di una possibile sortita degli assediati e prima dell'alba si avvicinarono alla spiaggia due galere ed una fregata nemiche. Mentre le truppe alleate sbarcate si concentravano nel campo trincerato di San Papino per fare al giorno seguente un movimento di distrazione sulle trincee spagnole della Tonnara di Milazzo, e così facilitare una sortita della guarnigione. Quella stessa sera giunsero al campo il marchese di Lede e Patiño, scortati dal reggimento di cavalleria *Farnesio*.

All'alba del 15 ottobre, dieci battaglioni imperiali e uno piemontese, appoggiati dai dragoni del reggimento *Tige*, al comando del generale Carafa attaccarono la casa di Spadafora, guidando la fanteria il generale Wallis e la cavalleria il conte Veterani. [42]

Lede disponeva in questo momento di quattordici battaglioni: quattro di *guardie spagnole*, due di *Castilla*, due

---

41   V. Volume I della serie.

G. Armaretti

Tav. 3 Alfieri del reggimento delle Guardie di fanteria vallone con bandiera reale e di battaglione.

▲ *La battaglia di Milazzo, piano degli attacchi. (collezione privata)*

di *Guadalajara* ed uno di ciascuno dei reggimenti di *Aragón, Irlanda, Hibernia, Ultonia, Milán* e *Borgoña*[43]; i reggimenti di cavalleria di *Salamanca* e *Farnesio*, ognuno di tre squadroni e quelli dei dragoni di *Batavia* e *Lusitania*, di quattro squadroni ciascuno.

La linea spagnola benché avesse notato segni di movimento nel campo nemico, rimaneva inesplicabilmente dispersa. Le truppe austriache cominciarono l'attacco alle cinque di mattina contro la posizione di San Giovanni, appoggiate dal fuoco dell'artiglieria delle due galee e di una fregata, mentre la guarnigione compiva una sortita per la porta che dava al campo spagnolo, avendo al centro la fanteria con le compagnie dei granatieri avanzate leggermente, tutta l'artiglieria sparando in rapida successione sulle trincee spagnole, impedendo col suo fuoco che le truppe avversarie potessero formarsi in battaglia. La cavalleria austriaca avanzava unita per la spiaggia che era al suo fianco destro.

Gli spagnoli, disuniti e senza riuscire a formare uno schieramento, si prepararono a sostenere l'attacco senza il comando di un generale. I reparti situati alla destra della linea furono i primi a ricevere il fuoco, essendosi accampati molto avanti al fine di coprirsi dal fuoco di una batteria, cadendo nella lotta, il colonnello cavaliere Poet, tenente colonnello del reggimento di dragoni di *Batavia* che comandava la "gran guardia" [44] della cavalleria che fu posta in rotta con la perdita di molti ufficiali e soldati.

31   La *Continuacion del Diario... cit*, p. 3 indica come presente a Milazzo invece del battaglione di *Borgoña* quello di *Utrecht*, ma si tratta di una svista in quanto questo battaglione era in guarnigione a Palermo e raggiunse l'esercito solo nel mese successivo; analogamente il marchese de La Mina volendo dire che i tre battaglioni di *Córdoba, Navarra* e *Burgos* erano rimasti a presidiare Messina li dà per giunti a Milazzo, dove non sono mai stati.

32   Era detto "gran guardia" il distaccamento che restava in armi per essere pronto a intervenire quando il grosso dell'esercito era accampato.

Di fronte all'impeto dell'attacco, furono abbandonati alle prime salve i posti della linea avanzata, che non erano in stato di difesa, sorpassando gli austriaci la destra e il centro dello schieramento spagnolo, senza però che potessero arrivare alla batteria che stava all'ala destra. All'estrema sinistra della fanteria spagnola sorgeva la contrada di San Giovanni con una cascina, che occupava una posizione elevata, da dove si scendeva alla spiaggia; fino al mese di marzo, però era fortificata solo sul davanti. Vi si collocò il conte di Zwevegem con il colonnello del reggimento di fanteria di *Aragón* Manuel de Sada e 400 uomini per difenderla.

La cavalleria austriaca, appoggiata da alcuni granatieri, piombò su di essa e per quanto trattenuti di fronte, gli austriaci riuscirono ad entrare dal retro, restando morti o prigionieri tutti i difensori, ricevendo due ferite il conte di Zwevegem. Allo stesso tempo il distaccamento avanzato della cavalleria spagnola comandato dal conte di Pezuela era respinto dalla cavalleria austriaca.

Formavano la sinistra spagnola il battaglione di *Milán*, il reggimento di cavalleria di *Salamanca* e quello di dragoni di *Lusitania*, molto scarsi di numero e per quanto cercassero di difendere l'accampamento, non riuscirono a mettersi in formazione, anche se il reggimento di *Milán* riuscì a frenare la cavalleria austriaca.

Persa la casa di San Giovanni, il fronte spagnolo si sfasciò e le truppe austriache irruppero al centro e alla sinistra, dove presero due cannoni da 24. Però in questo momento critico, gli austriaci invece di togliere agli spagnoli ogni possibilità di resistenza, si misero a saccheggiare l'accampamento nemico, lasciando al marchese di Lede il tempo di cui aveva bisogno per far fronte alla situazione. Egli comandò di fare passare dall'ala destra alla sinistra il reggimento di cavalleria *Farnesio*, e il tenente generale Armendáriz con ordine di mettersi alla testa delle *guardie spagnole* e del reggimento di *Castilla*, al tenente generale cavaliere de Lede di porsi alla testa della brigata irlandese ed al maresciallo di campo Solís di mettere in formazione il resto della linea. Questi generali eseguirono celermente gli ordini di modo che la destra spagnola, una volta riordinata, contenne la fanteria nemica, alla quale si opposero il reggimento di dragoni *Batavia* e quello di cavalleria di *Farnesio*, oltre a quelli di fanteria di *Guadalajara*, *Aragón* e *Borgoña*. All'ala sinistra le cose non presero invece una piega favorevole poiché il reggimento *Farnesio* non poté rimediare al disordine della sinistra e quando il duca di Atri, suo colonnello, venne ferito, si ritirò con le altre truppe di quell'ala.

Però Armendáriz, ristabilita la situazione della sua ala, passò ad attaccare la casa di San Giovanni con i quattro battaglioni delle *guardie spagnole* e i due di *Castilla* e la prese subito, dopo aver ricevuto una prima scarica di fucileria, in quanto gli austriaci si ritirarono per non subire sorte analoga ai primi difensori. Nello stesso tempo il cavaliere di Lede tenne fermo con la brigata irlandese, nonostante fosse ferito.

Alle otto della mattina la sinistra austriaca era stata fermata, il suo centro disfatto, ricuperata la posizione di San Giovanni e la destra dispersa al saccheggio del campo spagnolo. In questo momento arrivarono da Spadafora i quattro battaglioni del reggimento delle *guardie vallone*. Il tenente generale conte Veterani che comandava la destra austriaca, vedendo che non poteva riordinare le sue truppe, ordinò la ritirata. Inizialmente il movimento fu contrastato solo da piccoli gruppi di dragoni di *Lusitania*, che presero due bandiere al reggimento di *Toldo*, ma con l'arrivo dei reggimenti di cavalleria di *Farnesio* e *Salamanca* e di granatieri di quello di fanteria di *Milán*, la ritirata dell'ala destra austriaca divenne ben presto una fuga. Veterani fu preso prigioniero.

Lo scontro durò più di quattro ore e gli spagnoli ebbero più di mille perdite e 300 prigionieri; morti i colonnelli Joseph de Almazán, di *Guadalajara* e Francisco Doetinghen di *Borgoña*; feriti il tenente generale cavaliere di Lede ed il colonnello del reggimento di cavalleria di *Farnesio* duca d'Atri. Le maggiori perdite furono sofferte dai reggimenti di fanteria di *Guadalajara*, *Milán*, Irlandesi e *Borgoña*, quello di cavalleria di *Salamanca* e quello di dragoni di *Lusitania*. Secondo gli spagnoli gli austriaci persero più di 3.000 uomini, tra i quali più di mille prigionieri con sessanta ufficiali e due bandiere.

L'esercito austro-piemontese si rinchiuse in Milazzo incapace di nuove azioni.

All'inizio del mese di novembre giunse al campo da Palermo il conte di Montemar ed il brigadiere Luis de Aponte con due battaglioni del reggimento di *Cantabria* e quello di *Utrecht*, lasciando al comando in Palermo il marchese du Bus. Con l'arrivo di Montemar e delle sue truppe, Lede e Patiño decisero di convertire il blocco di Milazzo in assedio e aprirono formalmente una trincea d'attacco.

Il 17 novembre entrò in Milazzo assediata il barone Johann Zum-Jungen per sostituire il generale di cavalleria conte Carafa, ma la traversata degli ottomila uomini che dovevano seguirlo fu resa disastrosa dal maltempo, tanto che gli ultimi reparti arrivarono a Milazzo solo a gennaio 1719.

Alla fine di gennaio 1719 lasciarono la Sicilia con due galee Patiño ed il duca di Atri, il primo per tornare in Spagna, l'altro diretto a Roma per riprendersi dalla ferita ricevuta nella battaglia del 15 ottobre.

La situazione a Milazzo era in una posizione di stallo. Gli spagnoli erano ben fortificati, ma pensavano di non avere forze sufficienti per prendere la piazzaforte, anche se i suoi difensori erano indeboliti da una lunga carestia. Il continuo maltempo aveva causato l'insorgere di molte malattie nel campo spagnolo e vi era anche il timore del prossimo arrivo del corpo di truppe austriache che si stava concentrando a Napoli agli ordini del generale lorenese conte de Mercy.

La difficoltà di condurre truppe dalla Spagna, tanto a causa della guerra che era iniziata con Francia, come per la presenza della flotta inglese nel Mediterraneo, obbligò ad accelerare la leva di reggimenti stranieri, levati principalmente in Italia, la cui recluta era stata offerta al re da alcuni privati, oltre ad altri levati a partire dalle milizie siciliane e di volontari del paese.

In questo modo si formarono i reggimenti di fanteria di *Palermo*, colonnello Giovan Battista Gravina (fratello del Principe di Palagonia); *Messina*, colonnello principe di San Pietro; *Valdinoto*, colonnello Saverio Gravina; *Valdimazzara*, colonnello Pietro Beccadelli, marchese di Sambuca; *Valdemone*, colonnello Ignazio Termini e *Augusta*, colonnello Mariano Naselli, tutti di un battaglione ciascuno; e uno di cavalleria di tre squadroni con il nome di *Sicilia*, colonnello il duca di San Blasi. In Longone e Livorno si formó il reggimento di *Liguria*, colonnello Orazio Landini, quello di svizzeri di *Francisco Mayor* e quello di Grigioni di *Andrea de Salis*, e tutti passarono poi in Sicilia senza arrivare a completare la formazione, oltre a quello che levó il colonnello Gio-

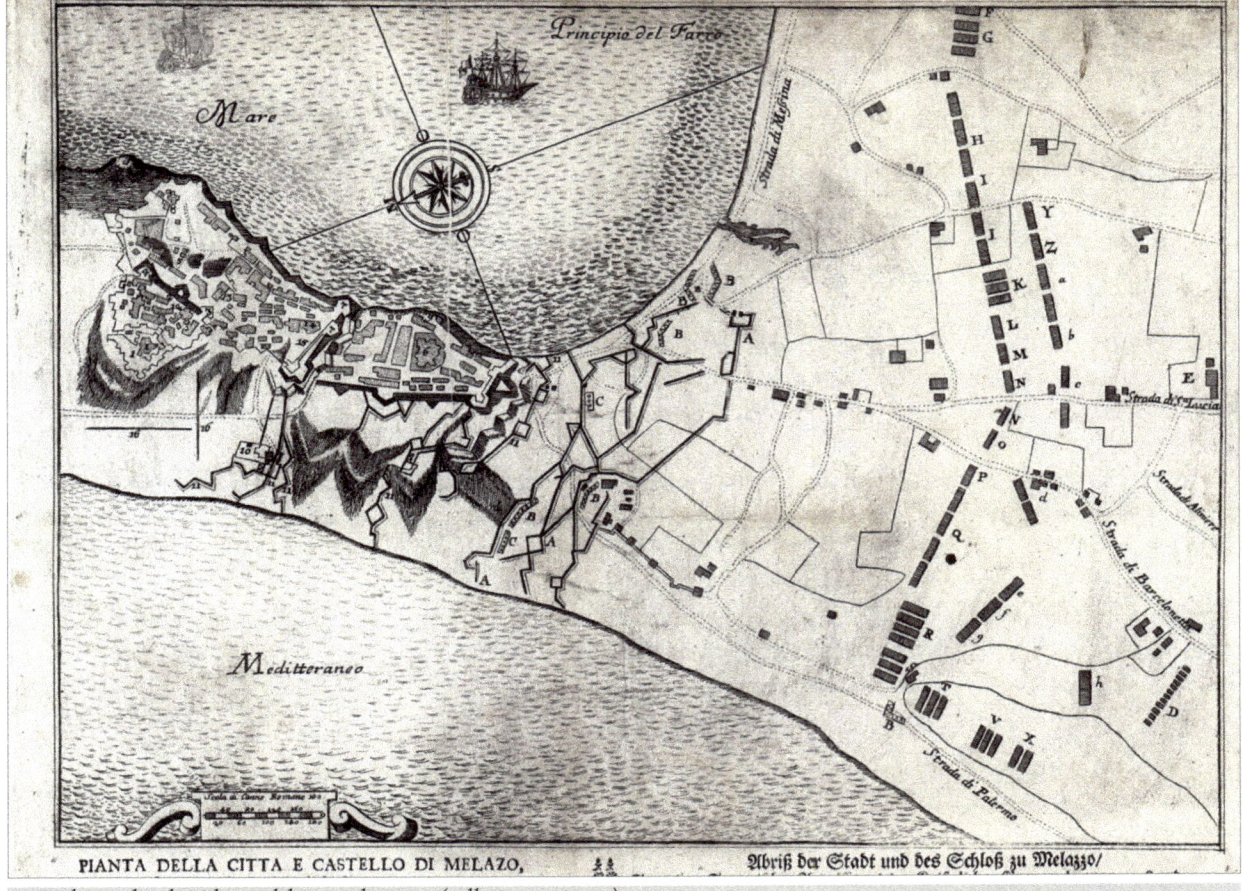

▲ *La battaglia di Milazzo del 15 ottobre 1719 (collezione privata)*

vanni Michele Roncalli (*Toscana*) che fu portato in Sardegna.

Lede decise di togliere l'assedio a Milazzo ordinando ai primi di marzo di cominciare a ritirare l'artiglieria dalle posizioni occupate. Furono inviati a Longone il nuovo battaglione di *Augusta* e il secondo di *Burgos* per rilevare i due di *Lombardia* e quello di *Liguria*.

L'assedio di Milazzo si era convertito in blocco e anche gli spagnoli cominciavano ad avere penuria di viveri. Nel mese di maggio gli unici movimenti rilevanti nel campo spagnolo furono quelli di inviare il brigadiere Pedro Chateaufort con il suo reggimento di dragoni di *Frisia* a coprire le spiagge di Taormina e di rinforzare la guarnigione di Messina con il primo battaglione di *Navarra*.

Il corpo di truppe del conte Mercy salpò il 23 maggio da Baia presso Napoli, formando un convoglio di oltre duecento trasporti scortato da otto navi inglesi, che giunse in vista delle coste siciliane il 26, mettendosi alla fonda all'altezza di Patti il 27. Ricevuta la notizia, il marchese di Lede, convocò lo stesso giorno, non appena levatosi il sole, un consiglio di guerra nel quale si decise che l'esercito marciasse verso Francavilla (oggi Francavilla di Sicilia), una posizione le cui potenzialità difensive erano state riconosciute in precedenza. Si doveva procedere per sentieri di montagna, per cui le truppe abbandonarono al campo tutti gli *impedimenta*, compreso il parco d'assedio i cui pezzi furono resi inutilizzabili.

Disposta la mossa, per non dare nell'occhio la trincea davanti a Milazzo fu presidiata dal solito distaccamento comandato da un brigadiere. Il conte di Montemar ed il marchese di Resves rimasero al campo con tutti i granatieri ed il marchese di San Vicente con la cavalleria e dragoni per coprire la ritirata. Quella notte l'esercito marciò senza sosta verso Rodì e Casal del Castro; il primo battaglione del reggimento di fanteria *Córdoba* fu mandato a rinforzare la guarnigione di Messina. L'unica perdita che subì l'esercito nella ritirata furono pochi soldati del reggimento di *Hibernia* (ex *Castelar*), che essendo in distaccamento non ebbero notizia di quanto era avvenuto e caddero prigionieri.

Mercy sbarcò con la fanteria a Patti il 28 e andò a porre il campo a Merì, dove il 30 lo raggiunsero la cavalleria e l'artiglieria, che necessitando di attrezzature portuali, erano state mandate a sbarcare a Milazzo. Il corpo di Mercy rimase a Merì fino al 16 giugno, lasciando al marchese di Lede tutto il tempo di attestarsi a Francavilla, dove le ultime truppe spagnole arrivarono il 30.

La notte del 16 al sabato 17 giugno 1719 una densa nebbia copriva il campo austriaco. Mercy ordinò di distribuire alle truppe pane per vari giorni ed imbarcare il resto delle provvigioni sulla flotta. Alle due della mattina batterono la generale e immediatamente cominciarono ad incendiare le baracche della loro linea nel campo di Lemmari, vicino Milazzo.

Nonostante la nebbia, il capitano di cavalleria Juan de Ezpeleta, che era di guardia con 50 carabinieri, si rese conto di quanto succedeva ed informò puntualmente il marchese di Lede del fatto che il nemico s'era posto in marcia in tre colonne. Comandava la prima il conte di Mercy, formata da tutta la cavalleria e avanzava sul lato destro, per essere qui il terreno più adatto ad essa. Il grosso della fanteria formava la colonna sinistra, mentre per il centro, per esser migliore la strada marciava il bagaglio dell'esercito, custodito da alcune forze, per quanto al parere degli esploratori spagnoli ne formassero solo due, a causa d'essere rimasta indietro questa colonna rispetto alle altre due.

La mattina del 17 le truppe austriache si misero in marcia verso l'interno dell'isola con la fanteria e la cavalleria e provvigioni per soli dieci giorni, mentre l'artiglieria e il resto dei rifornimenti dovevano procedere via mare facendo il giro dell'isola e ricongiungendosi con le altre truppe. Mercy pensava che sarebbe stato facile battere gli spagnoli e por fine rapidamente alla campagna.

CARTE DE DEMONS-
TRATION de L'ARMÉE,
IMPÉRIALLE et FRANÇAI-
se avec la COMMUNICATION,
Jusque a la Mere, Compre aussy
le Camps les Retranchement
des Ennemie.

1. Le Camp de L'armee Imperialle.
2. Camp et Retranchement de
Gramolle.
3. la ville de Franeauille.
4. les Camseins Retranchee, par les
Ennemie.
5. Village de Castillon.
6. Camine et Retranchement des
Imperiaux.
7. Village de la Motte.
8. Chemin et Communication pratiquez
depuis la Mer Jusques au
Camps pour Conduire les vivre
Imperialle.
9. Campement de la Cavallerie Imperi
10. Campement de la Cavallerie Imperi
11. Fort de Schino.
12. Taille ou lon de barquoit les vivres.
13. Termine. 14. la Milly. Chateaux.
15. Autre chateaux. Sur la Meme
hauteur.
16. Exposition de l'armee Imperialle
a four de l'attaque.
17. Disposition de la Cavallerie Imperi
18. Village de la Matoglione.

Fait par le sieur de Haye Lieutenant.
Imperiaux.

43

LA BATTAGLIA DI FRANCAVILLA (20 GIUGNO 1719) [45]

Dopo una difficile marcia, ostacolata dalla resistenza delle milizie locali (gli austriaci parlano sprezzantemente di "bande armate"), l'esercito giunse il 19 in vista di Francavilla e Mercy decise di attaccare l'indomani, malgrado il parere contrario dei suoi generali per i quali le posizioni occupate dagli spagnoli erano troppo forti. All'alba del 17 si viddero procedere le due colonne avanzate dell'esercito austriaco, una attorno al fiume e l'altra per la via di Castro-Reale, marciando entrambe ad occupare le alture delle tre Fontane. Il marchese di Lede distaccò i granatieri del reggimento delle *guardie spagnole* verso la montagna del Fondo con la missione di ostacolare la marcia del nemico, benché invano, perché prendendo il cammino degli orti di Pesadoto e Barcellonetta salirono per Castro Reale, girando per la sinistra, prima di arrivare al posto che occupavano i granatieri. L'avanguardia austriaca giunse ad accamparsi tra Rodì e Milici, a otto miglia di Milazzo senza incontrare impedimento alcuno poiché le partite avanzate degli spagnoli si andavano ritirando innanzi ad essi, eccetto i battitori del reggimento di *Lusitania* che mantennero una fiera schermaglia con gli ussari nemici, ritirandosi poi in buon ordine.

Il 18 gli austriaci ripresero il cammino e attraversando le montagne di Serro-Scorsone, Ladrì, Cavaliere, Andato e Fondachello, giunsero ad accamparsi alle Tre Fontane, situandosi a sei brevi miglia dal campo spagnolo. Questa stessa sera distaccarono alcune partite di ussari per scacciare alcuni picchetti di milizia paesana e di truppe spagnole che li disturbavano e che abbandonarono i loro posti, ritirandosi tutti verso il grosso del loro esercito. Mercy ordinò di ritirare gli ussari e cambiò rotta salendo per la sinistra sul monte Scorsone per Castro Reale per arrivare a Fondachelli e Tre Fontane, però l'asprezza del terreno li obbligò a dividere in due le loro forze, non potendo la cavalleria arrivare a Tre Fontane che a notte molto inoltrata. Gli equipaggiamenti e le munizioni che non riuscirono a fare la salita rimasero scortati dai reggimenti di cavalleria di *Roma* e *Visconti* e da alcuni battaglioni.

Il quartiermastro generale Verboom propose di aspettare il nemico sulle alture di Fondachello o Tre Fontane, però Lede non gli diede ascolto, per il qual motivo Verboom due giorni prima della battaglia si ritirò dall'esercito. Al giungere dell'avviso dell'avanzata nemica Lede distaccò sulle alture indicate da Verboom le compagnie dei granatieri delle *guardie spagnole* comandate dai brigadieri Francisco Galindo e Eusebio de Salazar, perché ostacolassero la loro marcia e appoggiassero le milizie ed il distaccamento di *Lusitania*, che sosteneva continue schermaglie con il nemico. Rinforzato questo da un gran numero di granatieri, gli spagnoli si ritirarono dalla montagna ed entrarono nel campo di Francavilla.

Il marchese di Lede sapeva che avrebbe dovuto contenere l'avanzata del nemico in quel punto e a questo fine contava su ventotto battaglioni di fanteria (quattro di *guardie spagnole*. quattro di *guardie vallone*, due di *Castilla*, uno di *Aragón*, uno di *Navarra*, uno di *Córdoba*, due di *Saboya*, due di *Guadalajara*, due di *Cantabria*, due di *Asturias*, uno di *Irlanda*, uno di *Hibernia*, uno di *Ultonia*, uno di *Milán*, uno di *Borgoña*, uno di *Hainaut* [*Henau*] e uno di *Utrecht*), tre reggimenti di cavalleria (*Farnesio*, *Flandes* e *Andalucía*) e quattro di dragoni (*Lusitania*, *Batavia*, *Frisia* ed *Edimburgo*) in parte smontati[46]. Il totale di queste truppe non arrivava a quindicimila uomini, compresi 3.500 fra cavalieri e dragoni. L'artiglieria consisteva in due soli pezzi da montagna collocati nel posto avanzato dei "Cappuccini". Erano presenti anche le milizie siciliane, malgrado gli usi del tempo vietassero che formazioni di questo tipo partecipassero a battaglie (il che voleva dire che il miliziotto preso prigioniero era passibile di morte); il loro numero resta ignoto, ma dovevano essere numerose, se gli austriaci distaccarono due reggimenti di cavalleria per proteggere le salmerie da eventuali loro attacchi.

Le sue truppe erano accampate in una linea, ai piedi della montagna di Francavilla, il cui paese rimaneva un poco indietro, sulla sinistra. I lati sinistro e destro erano coperti da vari torrenti e fossi, che lo rendevano si-

45   La *Relacion de la batalla que en 20. junio 1719 se dió en el campo de Francavila, en Sicilia, entre el exército de S. M. y los Alemanes*, Madrid, Juan Atiztia, s.d., costituisce in pratica la relazione ufficiale spagnola della battaglia e le versioni successive di parte spagnola si sono basate su di essa; per le versioni di parte austriaca si rinvia al vol. III.

46   Questo elenco si basa su quello dato nella pagina *Batalla de Francavilla (20 de junio de 1719)* del sito, oggi scomparso, "Los Ingenieros del Rey" basata su fonti affidabili e sul ms. del marchese de La Mina, già più volte citato, che ne conferma i dati.

curo. Davanti la linea spagnola vi era un canalone secco che formava un terrapieno fondo ed ampio, di sabbia e pietre, che chiamano Fiumara, che aveva un'ampiezza di circa 300 metri, eccetto alla sinistra della linea, che si restringeva e formava un piccolo tratto pianeggiante ai piedi della montagna di Francavilla. Il grosso delle truppe erano accampate protette da piccole muraglie di pietre sciolte e di scarsa altezza, vicino ad un torrentello che bagnava la pianura, separandola dalla Fiumara, benché guadabile da tutte le parti. Il posto più forte della linea era quello dei Capuccini, una piccola eminenza che partiva dalla Fiumara, coronata da un convento di questo Ordine religioso, che si elevava a poca distanza da dove terminava la sinistra della linea e comunicava con essa tramite un piccolo ponte che attraversava il torrente. L'ascesa verso questa posizione era resa difficile da alcune pareti presenti sui suoi pendenti.

Davanti alla parte destra della linea spagnola, all'altro lato della Fiumara, si ergeva una montagna elevata e di gran estensione chiamata le Tre Fontane, alle cui spalle si era accampato l'esercito austriaco il giorno 18 e davanti alla sinistra, ancora all'altro lato della Fiumara, si ergeva un'altra altura detta di San Giovanni, da cui si dominava il posto dei Capuccini. Queste due eminenze erano separate da un'altra Fiumara o fosso che si univa a quella vicina ai Capuccini, però con la riva più scoscesa.

Si guarnì il posto dei Capuccini con i quattro battaglioni delle *guardie spagnole*, dai quali si fece un distaccamento di 400 uomini che si appostò in una piccola gola che v'era tra questa posizione e la montagna di San Giovanni.

Il piano che si estendeva tra la montagna di San Giovanni, alla sinistra e quella dei Capuccini era guarnito da picchetti di fanteria agli ordini del colonnello Melchor de Abarca, capitano delle *guardie spagnole*, sostenuti da due squadroni di carabinieri della cavalleria e da vari picchetti di dragoni.

La montagna di San Giovanni, poiché dominava la sinistra spagnola ed il posto dei Capuccini, fu custodita da 1.500 uomini del secondo battaglione di *Castilla*, il reggimento di *Hibernia* e 400 uomini distaccati, tutti agli ordini del brigadiere Pedro Tanqueur. Alle falde della montagna si posero 300 fanti con il colonnello Sebastián Eslava per chiudere uno dei lati e dietro il ponte che era accanto ai Capuccini si posero due battaglioni di *Guardie Vallone*.

La linea che correva dal monticello dei cipressi al posto dei Capuccini, era dove stava accampata la maggiore parte della fanteria ed alcuni reggimenti di dragoni che avevano ordine di occupare smontati la trincea in caso di necessità. Nella montagna di San Giovanni per dove passava la strada reale che da Randazzo portava a Palermo e scendeva per entrare in Francavilla attraverso un ponte, erano accampati sette battaglioni ed un reggimento di cavalleria per sbarrare questa via. Coprivano il lato destro due reggimenti di cavalleria accampati dall'altra parte della collina dei cipressi verso il mare, benché da quel lato non si corresse pericolo.

L'esercito austriaco si mantenne a Tre Fontane il 19 prendendo tempo nel raccogliere le forze e riconoscere il campo spagnolo. Il conte Mercy divise le sue truppe in ordine di battaglia in tre corpi, il più numeroso di fanteria, che doveva marciare per la strada che correva per il centro del valle di Francavilla, comandato da Zum-Jungen con i generali barone di Wachtendonk, principe di Holstein-Beck, conte Ottokar Starhemberg ed il barone Rohr. Alla retroguardia e come seconda linea tutta la cavalleria ed i dragoni comandati dal tenente maresciallo conte von Eckh con i subordinati conti Orsetti e Lantieri, eccetto due reggimenti rimasti a proteggere il bagaglio. Il secondo corpo alla destra il tenente maresciallo conte von Seckendorf e i generali principe Assia-Kassel e conte Porcia. Il terzo per la sinistra con il tenente maresciallo conte Wallis e i colonnelli barone von Neipperg e marchese Parisoni (o Barisoni), formato da 19 compagnie scelte di granatieri appoggiati da 25 squadroni di cavalleria, dieci di dragoni e tre di ussari.

Gli spagnoli valutavano la fanteria nemica in 30 battaglioni di mille uomini ciascuno, sapendoli però molto diminuiti di numero, e ben cento compagnie di granatieri (In realtà erano solo una trentina, ma assai più forti delle altre, da cui l'errore di valutazione). L'obiettivo principale di Mercy era di attaccare la sinistra spagnola ed impadronirsi del convento trincerato dei Capuccini, affidando l'attacco al barone Zum-Jungen con il meglio della fanteria del suo esercito. Alla destra il conte von Seckendorff doveva sloggiare gli spagnoli dai posti che occupavano sulla montagna di San Giovanni ed il conte Wallis con le sue truppe doveva contenere la destra spagnola.

La notte del 19 al 20 l'esercito austriaco si mise in marcia per le falde dei monti prendendo per il burrone della Montagna delle tre Fontane verso le Fiumare. Alle prime luci del giorno 20 la prima linea della fanteria austriaca giunse alla Fiumara che separava la montagna delle Tre Fontane da quella di San Giovanni e cominciò a salire verso quest'ultima, mandando in avanguardia otto o dieci battaglioni, sostenuti da picchetti di ussari. Il fuoco cominciò contro i picchetti avanzati di cavalleria spagnola, che andavano cedendo terreno ordinatamente, guidati dal brigadiere Pedro de Chateaufort.

Per la sinistra la colonna di Wallis scese lentamente e non arrivò ad occupare la pianura che aveva di fronte. Però sulla destra, la colonna di Seckendorff attraversò il torrente e cominciò a scalare la montagna di San Giovanni. Per il fatto di essere mal guarnita la montagna o perché la colonna austriaca aveva buone guide, essa riuscì con poco sforzo a guadagnare le alture, dominando con il proprio fuoco le truppe spagnole al comando del brigadiere Pedro Tanqueur che morì nella battaglia e che non è stato possibile identificare. Questi, temendo di venire accerchiato, ordinò la ritirata verso il piede del monte dei Capuccini, soffrendo in questa operazione sostanziali perdite, tra le quali egli stesso, giacché fu gravemente ferito e morì poco dopo.

Il marchese di Lede, vedendo compromessa la sua difesa dall'azione di Tanqueur, gli inviò ordini perché recuperasse la posizione, dove il colonnello Sebastián Eslava si batteva instancabilmente. Però la sera era già troppo avanzata. Lede ordinò che avanzassero i reggimenti di fanteria di *Utrecht* e *Borgoña* e due compagnie di granatieri delle *guardie vallone* comandate dal baron di Wemmel e Monsieur de Bay, che presero posizione nel piano dei Capuccini per proteggere coloro che si ritiravano e consentirono il disimpegno delle forze comandate dal colonnello Eslava, facilitando la loro ritirata e ritirandosi dopo loro stessi in buon ordine. Tutte queste forze unite respinsero il primo attacco austriaco e, conseguito l'obiettivo, tornarono a incorporarsi ai loro posti nella linea e le quattrocento guardie nella loro posizione nella gola dei Capuccini.

Mentre si produceva l'attacco alla montagna di San Giovanni, l'esercito austriaco continuò l'avanzata per la Fiumara e distaccò il generale Wallis con sei compagnie di granatieri e due battaglioni per unirsi alla cavalleria e formare l'ala sinistra del suo spiegamento, che si estendeva per la Fiumara grande.

Il generale Mercy che guidava la colonna del centro, trattenne le sue forze per più di un'ora nella Fiumara che separava le due montagne, per dar tempo di avanzarsi alle colonne di sinistra e di destra. Non fece alcun movimento fino ad avere avuto la completa certezza che il generale Seckendorf avesse scacciato agli spagnoli da tutte le loro posizioni sulla montagna di San Giovanni.

Mercy vedendo la posizione di San Giovanni nelle sue mani ed il suo esercito in ordine, si decise ad assalire il campo spagnolo con il grosso delle sue truppe, mandando ordini ai generali Seckendorf e Zum-Jungen che lo assecondassero.

Tra le quattro e le cinque della sera le truppe austriache cominciarono l'attacco per il piano con gran decisione marciando *la Tropa en Veste e gorra con las armas terciadas, e tal silencio, que solo oíamos la voz del que mandaba*. La colonna di destra caricò la sinistra spagnola, che dovette essere rinforzata dal primo battaglione delle *guardie vallone* e dal reggimento di *Hibernia*. Mercy concentrò i suoi sforzi principali sull'impadronirsi del posto dei Capuccini, che difendevano le *guardie spagnole*, guidate dal loro tenente colonnello Joseph de Armendáriz e dal marchese di Villadarias. Attaccarono la debole trincea eretta nella Fiumara e al piede dei Capuccini che era guarnita con picchetti che furono appoggiati da due squadroni di cavalleria e dal distaccamento di dragoni dei reggimenti *Lusitania* ed *Edinburgo*, causando una gran strage con la sciabola.

L'intenso fuoco che ricevevano dalla linea spagnola trattenne gli austriaci, rimanendo essi fermi nel mezzo della Fiumara Grande, senza che i loro ufficiali riuscissero a obbligarli ad avanzare. Decimati dal terribile fuoco che subivano e dopo essere rimasti un po' di tempo senza muoversi, cominciarono a ritirarsi in buon ordine verso il piede delle montagne, venendo braccati dal distaccamento di 400 *guardie spagnole* che comandava Melchor de Abarca e 300 dragoni agli ordini di Giovanni Caracciolo e Domenico Lucchesi.

Gli austriaci, dopo essersi ripresi un poco al giungere alla falda delle montagne, tornarono una seconda volta

Tav. 4 Soldato del reggimento dell'artiglieria; piffero e alfiere con bandiera di battaglione del Reggimento delle Guardie di fanteria spagnole.

all'attacco, riuscendo a rimuovere i picchetti spagnoli delle trincee, che erano battuti dalle alture di San Giovanni, dai battaglioni della Fiumara e dai granatieri che avanzavano. I picchetti spagnoli sloggiati dalla linea, riuscirono ad unirsi a coloro che scendevano inseguiti da San Giovanni e ai due battaglioni di *Borgoña* e *Utrecht* che occupavano quel piano, e tutti questi si azzuffarono alla baionetta con i granatieri imperiali. Comandava le truppe spagnole il tenente generale Giovanni Caracciolo, che cadde mortalmente ferito, come il principe di Hosltein-Beck che comandava gli attaccanti. Gli spagnoli, dopo un intrepido combattimento si ritirarono ai piedi del posto dei Capuccini, riparandosi sotto il loro fuoco, mentre i due reggimenti valloni tornavano ad occupare la posizione nel martello, dove respinsero tre volte il nemico.

Gli imperiali realizzarono un terzo attacco, questa volta con le bandiere alla testa, contro il posto dei Capuccini, trovando maggior difficoltà nell'avanzata perché partite di granatieri e dragoni appiedati spagnoli erano usciti dalla linea e avevano occupato alcune rive della Fiumara, protetti da 300 dragoni montati e dai reggimenti di cavalleria di *Flandes* e *Andalucía*, diretti dal marchese di San Vicente e Jerónimo de Solís. Mercy condusse le sue truppe fino a che ricevette una palla di fucile al rene ed assunse il comando Zum-Jungen, che, di fronte alla tenace resistenza e all'eccessivo volume delle perdite che subivano le loro truppe, desistette dall'assalto ed ordinò la ritirata, la quale risultò loro tanto costosa quanto l'attacco.

Stava già calando la sera quando cominciò a ritirarsi tutto l'esercito austriaco verso le macchie dei monti; ripassarono il torrente e unitisi alla colonna sinistra appoggiata a Motacamastra formarono una linea appoggiando la loro destra a San Giovanni. Lede ordinò ai dragoni smontati di *Batavia*, *Frisia*, *Edimburgo* e *Lusitania*, di uscire dal centro sostenuti dai reggimenti di cavalleria di *Flandes* e *Andalucía*, per disturbare quelli che si ritiravano dal piano dei Capuccini, e furono salvati dalla loro distruzione completa l'essersi avanzata a loro sostegno la colonna sinistra di Wallis, che causò ai cavalieri spagnoli molte perdite.

Il fuoco durò fino all'imbrunire. Il campo che occupavano gli austriaci restò coperto di cadaveri avendo perduto più di 6.000 uomini tra morti, feriti e prigionieri, secondo gli spagnoli, e 2.500 secondo gli austriaci. Le perdite spagnole furono 630 fanti morti e feriti e 130 di cavalleria. I reggimenti che maggiormente soffrirono nel combattimento furono quelli delle *guardie spagnole* che ebbe 15 ufficiali feriti e 4 morti; 14 sergenti feriti e 212 soldati feriti e 128 morti e quello delle *vallone* con 6 ufficiali feriti ed uno morto; 4 sergenti feriti e due morti e 136 soldati feriti e 45 morti, mentre le perdite delle altre unità furono più lievi.

L'ardore del combattimento rimase riflesso nella gran quantità di perdite che si produssero tra gli ufficiali di ambi gli schieramenti: degli spagnoli morirono il tenente generale Giovanni Caracciolo, il brigadiere Pedro Tanqueur ed il capitano delle guardie spagnole Francisco Ayala e risultarono feriti il tenente generale cavaliere di Lede, il brigadiere Pedro de Chateaufort, il colonnello Tadeo Macauliffe ed il capitano delle guardie spagnole Francisco de la Mota. Degli austriaci morti i generali Rohr ed Holstein-Beck, che cadde prigioniero e morì nel campo spagnolo il giorno seguente ed il conte di Friessing; feriti il generale Mercy, i conti di Diesbach e Traun, i colonnelli baroni di Neiperg, Hillebrand, Schelitzki, il principe di Saxe-Sahlefeld ed Hamilton di fanteria e di cavalleria il conte Beaufort ed il cavaliere Bings, figlio dell'ammiraglio, che servirono nella campagna in qualità di volontari.

Gli austriaci si ritirarono alle montagne, e all'alba del giorno seguente si videro fortificati sulle falde opposte alla linea spagnola e sulle alture di San Giovanni, mantenendosi il fuoco da ambe le parti con pochi danni, incominciando a soffrirsi di scarsità di munizioni nel campo spagnolo. Fino a tre giorni dopo gli imperiali non si accamparono in modo formale, estendendosi alla sinistra in direzione della marina e abbandonando la montagna di San Giovanni, operazione nella quale furono braccati dagli spagnoli, che inflissero loro molte perdite. Numerose furono le relazioni scritte sulla battaglia; la *Gaceta de Madrid* ne pubblicò due:

- Copia de Carta del Señor Marqués de Lede, escrita en el Campo de Franca-Villa à 20 de Junio al Señor Conde de Montemar en Palermo.

Excellentissimo Señor. Con el gusto que puede V.Exc. considerar le participo como aviendo los Enemigos atacado oy al

*Exercito de su Magestad por tres partes diferentes, hemos tenido la fortuna de derrotarlos, y rechazarlos con una pèr-
dida considerable de su parte, y que no puedo hasta aora saber el numero de ella; y esta victoria se debe al valor de las
Tropas, de sus Generales, y de sus experiencias. Los Oficiales Generales que tenemos heridos son el Cavallero de Lede,
y Don Juan Caracholo, quien tiene herida de mucho cuydado; de muertos el Brigadier Don Pedro Tanqueur. Se servirà
V.Exc. de participar esta noticia al Pretor, y Senado, à quien no escrivo por hallarme sin Secretario, y falta de tiempo,
lo que executerè mañana si Dios quiere. Se servirà V.Exc. disponer, que en accion de gracias de lo que fue Dios servido
bendezir las Armas de su Magestad, se cante el Te Deum Laudamus. Dios guarde à V.Exc. muchos años como deseo.
Campo de Franca-Villa 20 de Junio de 1719. El Marquès de Lede.   Señor Conde de Montemar.*

*- Copia de Carta al mismo Conde de Montemar de un Teniente General del mismo Campo de Franca-Villa, à 24 de Junio.
Excellentissimo Señor. Señor mio. La Victoria ha sido completa; la Cavalleria no ha obrado en esta ocasion por lo
escabroso del parage, y luego ha partido à quitar la ritirada à Melazo, y parte del Exercito à perseguirlos, porque estan
dispersos por las Montañas, por donde antes de dàr la batalla, queriendo atacar nuestro Exercito, destacaron el dia
20 à las cinco de la tarde por la Fiumara un crecido Cuerpo de Infanteria, y Cavalleria, que luego atacò el centro, y
nuestra derecha, y la izquierda, con mucha Infanteria hasta cinco mil hombres, guarnecida de treinta compañias de
Granaderos; y aunque nos dominaban haziendo un fuego desperado, despues de un combate cruelissimo de quatro
horas, quedaron los Enemigos enteramente derrotados con siete mil Infantes muertos, y mucha Cavalleria; fio que no
se escaparà nadie si alguno no logra retirarse à Melazo, porque vamos persiguiendolos, y los Paysanos con mayor teson,
aun ignoramos el numero de los prisioneros; dizen que el General Mercy està herido de peligro; y por nuestra parte
ligeramente el Cavallero de Lede, y gravemente el Teniente General Don Juan Caracholo, y muerto el Brigadier Don
Pedro Tanqueur. Como està nuestro Exercito en medio de dos Cuerpos de los Enemigos, que se han dividido, es dificil
que se escapen, y solo el hambre los ha de marar, ò obligar à rendirse.* [47]

Gli austriaci ammisero di aver perso oltre tremilacento uomini tra morti e feriti, gli spagnoli circa seicento;
valutazioni più recenti fanno ascendere il totale delle perdite a ottomila uomini (seimila per gli austriaci,
duemila per gli spagnoli).

Entrambe le parti si attribuirono la vittoria, ma è difficile credere alle affermazioni austriache, che
sostennero di aver vinto perché si erano interposti tra Messina e l'esercito di Lede, come se questi non lo avesse previsto quando scelse di attestarsi a Francavilla; inoltre questo non impedì che fossero inviati a rinforzare
la guarnigione della città quattro battaglioni (uno di *Córdoba*, due di *Guadalajara* e uno di *Navarra*) che avevano preso parte alla battaglia. Il 20 giugno 1719 gli spagnoli combatterono una battaglia difensiva e rimasero
sostanzialmente padroni delle loro posizioni, quindi la vittoria va attribuita a loro. Ma gli austriaci furono
soprattutto colpiti dal valore delle truppe spagnole, tanto da scrivere "Pareva che fossero guerrieri dei tempi
di Pizzarro" come si legge in una relazione del tempo[48].
Dopo questo sanguinoso combattimento i due contendenti erano esausti e nei giorni successivi si limitarono
a compiere movimenti di piccola portata e qualche scaramuccia, evitando in ogni modo di giungere a un altro
scontro generale. Il campo austriaco continuava a rinforzarsi mentre gli spagnoli erano costretti a mantenersi
sempre sulla difensiva, causa la difficoltà di rifornirsi e la mancanza di denaro e truppe di rinforzo.[49]
Al termine della battaglia l'esercito spagnolo fu rinforzato dal conte di Montemar con quattro battaglioni,
uno di *Brabante*, uno di *Lombardía*, quello di *Liguria* (col. Landini) e uno di *svizzeri* (Mayor), insieme ai sei
squadroni dei due reggimenti di cavalleria di *Borbón* e *Milán* che stavano di guarnigione a Palermo.
Per evitare che gli imperiali dilagassero eccessivamente, Lede formò un distaccamento volante con otto squa-

47   *Gaceta de Madrid núm. 30*, 25/07/1719, p. 120.
48   RAIMONDO GERBA, *Guerre in Sicilia e in Corsica negli anni 1717-1720 e 1730-1732* (Campagne del Principe Eugenio
di Savoia volume XVIII), Torino, Roux, 1901, p. 128.
49   Il paese era esausto e gli spagnoli, operando in territorio amico, non potevano rifornirsi di viveri ricorrendo alle
maniere forti come facevano gli austriaci. Un po' di denaro veniva dalla Spagna portato dalle galee e qualche battaglione
giungeva in Sicilia dopo una fortunosa traversata da Longone o dalla Sardegna, ma la presenza della flotta inglese rendeva
troppo rischioso tentare di mandare nell'isola convogli con soccorsi più consistenti.

droni agli ordini del brigadiere Juan Francisco Armendáriz, con i quali all'alba del 26 diede sopra 500 cavalli ed un battaglione di fanti nemici e li disfece.

Il corpo austriaco del generale Wachtendonk attaccò il 1º luglio Taormina respinto in due occasioni, il 2 luglio prima di un terzo assalto la popolazione aprì le porte, stanca di subire le conseguenze della guerra. Questo stesso corpo passò ad assediare il castello della Mola, difeso dal tenente colonnello di *Saboya* Diego Pastor con 200 uomini e la milizia paesana, il quale resistette finché il 15 seguente l'assedio venne tolto e gli austriaci si ritirarono.

Il 7 luglio entrarono nel campo spagnolo il distaccamento di Armendáriz che conduceva con sé i quattro battaglioni di *Lombardía* e *Liguria* che stavano a Randazzo, oltre il battaglione svizzero di *Mayor*, che era sbarcato poco prima a Livorno con poca gente, mal vestito e armato e che fu di poco servizio, non potendo completarsi in quanto altre reclute, nonché il resto del vestiario e armamento, che venivano da Portolongone, furono catturati dagli inglesi. La stessa sorte ebbe il reggimento di grigioni *Salis*, giunto in Sicilia quasi allo stesso tempo e preso quando Palermo era vicina[50].

Il conte di Pezuela, che già comandava un distaccamento di 300 cavalli con il quale inquietava il campo imperiale, fu rinforzato da cento cavalli e seicento granatieri. La notte del 14 si avvicinò alla destra degli imperiali, che si trovava separata dal resto. Comandava i granatieri e alcune milizie siciliane il colonnello Orazio Landini e d'accordo con Pezuela, dopo aver diviso le sue forze in tre colonne all'alba cadde sugli imperiali che, sorpresi, offrirono scarsa resistenza, causando loro circa duecento perdite. La destra imperiale si pose in ordine di battaglia e andò con le bandiere alla testa a soccorrere i posti attaccati, però gli spagnoli si erano già ritirati in buon ordine.

LA GLORIOSA DIFESA DELLA CITTADELLA DI MESSINA

Nella notte dello stesso giorno 15 luglio gli austriaci lasciarono le posizioni sulle alture presso Francavilla e si posero in marcia verso Messina muovendosi in silenzio, lasciando accesi i fuochi del campo e alcune sentinelle per ingannare gli spagnoli ed evitare un inseguimento. Lungo il cammino essi presero il 17 il castello di Sant'Alessio, difeso da un "capitan d'armi"[51] siciliano con le milizie paesane, ma abbandonarono Taormina, che non potevano difendere finché il forte di Mola restava in mano degli spagnoli. Infine il 19 luglio l'esercito austriaco giunse nei pressi di Messina accampandosi a Santo Stefano (oggi Santo Stefano di Briga, fraz. di Messina).

Il barone di Zum-Jungen continuò la marcia con l'esercito e si accampò a Loreto, con la sinistra a Santo Stefano, vicino a Messina, da dove uscirono il 22 e si posero attorno a questa piazza. Allo stesso tempo distaccarono un corpo di 1500 fanti agli ordini del tenente maresciallo conte Wallis e del generale principe di Assia-Kassel governatore di Messina per gli spagnoli a prendere i posti del castello Gonzaga.

Era governatore di Messina per li spagnoli il tenente generale Luca Spinola, affiancato dal maresciallo di campo Antonio Pignatelli e dal brigadiere Luis de Aponte, entrati nella piazza poco prima dell'inizio dell'assedio. La guarnigione constava di nove battaglioni: due di *Córdoba*, uno di *Guadalajara*, due di *Navarra*, uno di *Burgos* e i tre siciliani di nuova leva di *Palermo*, *Messina* e *Spadafora*, tutti scarsi di effettivi e l'ultimo ancora in corso di formazione. Vi era poi uno squadrone del reggimento di cavalleria di *Brabante* e gli artiglieri. Tre "picchetti" di fanteria ed uno di cavalleria erano distaccati nella torre del Faro (oggi Torre Faro fraz. di Messina) e cinquanta uomini nel castello della Scaletta (oggi Scaletta Zanclea). I castelli di Gonzaga, Matagrifone e il Castellaccio (*Castelgirón* per gli spagnoli) erano guarniti da un centinaio d'uomini ciascuno.

Il 22 luglio gli imperiali attaccarono il castello di Gonzaga, che difese con gran valore il tenente colonnello Sacro Dupuy, primo tenente delle *guardie vallone*, ma il 7 agosto fu obbligato a capitolare per aver terminato le munizioni, rimanendo la guarnigione prigioniera di guerra.

La caduta del forte Gonzaga permise agli austriaci di iniziare il bombardamento della città provocando il

---

50   Cfr. *Avisi italiani*, 30 agosto 1719, n. 151.
51   Il "capitan d'armi" era il comandante delle milizie locali.

panico degli abitanti. La mattina dell'8 una deputazione della cittadinanza giunse al campo austriaco per trattare la resa. Il giorno dopo il generale Zum-Jungen entrò in città mentre Spinola si ritirò nella cittadella con due battaglioni di *Córdoba*, due di *Navarra*, uno di *Burgos*, uno di *Guadalajara* e il corpo costituito dagli equipaggi e soldati delle navi da guerra rimaste bloccate in porto[52].

Vi erano anche i granatieri e alcuni picchetti dei reggimenti di nuova leva di *Palermo, Mesina* e *Spatafora*, che al momento dell'arrivo degli austriaci erano fuori città, dislocati presso la costa tirrenica in una eminenza che domina le pianure di Spadafora e Milazzo per coprire le strade, e si congiunsero poi all'avanguardia dell'esercito di Lede.

Il 9 agosto gli imperiali iniziarono l'attacco dei castelli di Mattagrifone e Castellaccio, che resistettero fino al 14, quando capitolò Castellaccio e al calar del sole Mattagrifone, rimanendo prigioniere di guerra le guarnigioni. Così scrive il cronista Giardina "[gli austriaci] *incominciarono li 12 a battere il castello di Matagrifone,*

52   Gaetano Giardina, Memorie storiche del regno di Sicilia …, cit., p. 229.

▲ *Scudo con le armi reali di Filippo V (Collezione privata)*

ch'era comandato da D. Antonio Martinez, milanese; ed armati da' Tedeschi due cannoni il giorno 13, e 2 mortari contro Castellazzo, lo fecero rendere il giorno seguente, prima di mezzogiorno: e verso la sera, al tramontar del sole, restò vinto Matagrifone. Guadagnati questi forti, si diè mano contro la cittadella ..."[53]. Il governatore Luca Spinola fu obbligato ad abbandonar il posto di Santa Chiara, il trinceramento di Terranova ed il Palazzo.

Per sostenere la difesa della città di Messina il marchese di Lede inviò duemila uomini con il maresciallo di campo Feliciano Bracamonte, però giunsero tardi perché la città si era già arresa agli imperiali l'8 agosto, ritirandosi le truppe nella cittadella. Bracamonte si fermò a Castro Reale, dove gli si unirono i reggimenti di nuova leva di *Messina, Palermo* e *Spatafora*, che Spinola aveva tratto dalla piazza di Messina, rimanendo solo con i granatieri e picchetti. Mentre si trovava lì il suo distaccamento fu rinforzato con i reggimenti di cavalleria di *Farnesio* e *Andalucía* ed il reggimento di dragoni *Lusitania*.

Vennero mandati al forte Salvatore il battaglione di *Burgos* ed i picchetti dei tre battaglioni nuovi per assistere l'artiglieria. Agli inizi di agosto componevano la guarnigione della cittadella il 2º battaglione di *Guadalajara*, 1º e 2º di *Córdoba*, 1º di *Burgos*, 1º e 2º di *Navarra*, le compagnie granatieri dei reggimenti *Mecina* e *Palermo* e i picchetti dei tre reggimenti siciliani, lo stato maggiore dell'artiglieria della piazza, una compagnia di artiglieria dell'esercito, 38 artiglieri del paese, un distaccamento di quindici cavalieri e 19 ingegneri, per un totale di 105 ufficiali, 197 subalterni e 3.886 sergenti e soldati. Vi erano anche alcune centinaia di marinai che prestavano servizio con l'artiglieria e sette compagnie di fanteria di marina. Un altro battaglione di *Guadalajara* si trovava nella zona del Faro,

Il 17 agosto la guarnigione fece una sortita con le due compagnie di granatieri di *Navarra* che scacciò i nemici dalla postazione di una mina che stavano fabbricando, dopo una dura lotta ed alle otto della mattina del 19, si abbandonò il sobborgo di Terranova, a tambur battente, dopo averlo difeso dal 9 agosto, nella cui impresa si trovarono quattro compagnie di granatieri e due picchetti.

Il 19 agosto si aprì la trincea contro la cittadella di Messina, lavorando gli austriaci con impegno i giorni seguenti alla costruzione di parallele e batterie di cannoni e mortai, sotto un intenso fuoco dei difensori. L'assedio si convertì in una serie di combattimenti per ogni posizione, la maggiore parte risolti alla baionetta, come quelli che ebbero luogo la notte del 23 nel convento di San Giacomo, vicino al castello Gonzaga, o quello sostenuto il 24 dalla compagnia di granatieri di *Guadalajara* quando cercò di recuperare una casa che bloccava la strada tra la cittadella e Gonzaga, combattimento che si ripeté su scala maggiore il giorno seguente, quando i granatieri di *Guadalajara* furono sostenuti dalle due compagnie di granatieri di *Córdoba*.

Il lavoro d'assedio proseguì, con la costruzione delle parallele, ed attaccando con mine e forni le posizioni spagnole nonostante l'intenso fuoco dei difensori, guadagnandosi dagli austriaci il terreno palmo a palmo con molte perdite dai due schieramenti, dimostrando entrambi il valore che li animava.

Il 19 di agosto una bomba rovinò il ponte di comunicazione del rivellino col recinto interiore e il 23 gli austriaci riuscirono a mettersi nella strada coperta senza essere stati scoperti.

Il 27 gli austriaci terminarono la batteria principale, armata con 24 pezzi di grosso calibro, che aprirono il fuoco all'alba del giorno seguente.

La notte del 27 entrò nella cittadella il battaglione di *Guadalajara*, abbandonando il Faro ed il 28 la batteria principale cominciò il bombardamento con 23 cannoni, la maggior parte da 24.

Tre ore prima dell'alba del 29 agosto si abbandonò il cammino coperto, dopo averlo difeso quaranta giorni e lo occuparono gli assedianti. Il 1º settembre aprì il fuoco una nuova batteria degli assedianti e la notte seguente una partita di granatieri di *Burgos* sostenne un forte combattimento con una numerosa truppa tedesca e la respinse alla baionetta, morendo nella lotta dodici granatieri ed alcuni ufficiali. Tutti i giorni erano caratterizzati dal fuoco dell'artiglieria, scontri alla baionetta e scoppi delle mine, però verso la metà del mese di settembre cominciò ad avvertirsi la mancanza di polvere tra i difensori. Il 17 settembre i granatieri imperiali

---

53   Ibidem.

attaccarono il ridotto del centro però furono respinti dalla seconda compagnia dei granatieri di *Navarra* e benché ripetessero l'attacco furono contenuti durante la lotta fino al sopraggiungere della notte.

Alle undici della mattina del giorno seguente fecero un secondo tentativo con lo stesso risultato e due ore dopo, tornarono all'attacco una terza volta, l'artiglieria spagnola causando una gran carneficina tra gli attaccanti.

La sera del 4 ottobre una mina fece volare in aria la maggiore parte della controscarpa del rivellino e due ore dopo la calata del buio lo attaccarono i granatieri austriaci dopo aver gettato un ponte di botti con tavoloni uniti con funi, però furono respinti con grandi perdite dai granatieri spagnoli comandati dal brigadiere Manuel de Navarra e dal tenente colonnello Rueda, risultando l'azione molto cruenta.

L'8 ottobre, alle dieci della mattina, giunsero agli imperiali dieci navi di linea e 35 da trasporto con gran parte dei 7.000 fanti agli ordini del conte de Bonneval, truppe destinate ad essere impiegate nella riconquista della Sardegna, che però furono dirottate per terminare l'assedio di Messina. A mezzogiorno gli austriaci attaccarono il rivellino conducendo le truppe lo stesso conte di Mercy, e si impadronirono di quasi tutte le opere, però non riuscirono a conquistare i posti che coprivano i fianchi nè la tenaglia che restava alle spalle, difesa con tenacità dal battaglione di *Burgos*, da cui ricevettero un fuoco molto intenso. Nonostante proseguissero nel tentativo di avanzare furono respinti alla baionetta. Tre volte tornarono all'assalto con lo stesso risultato, lasciando il terreno coperto di cadaveri. Nelle tre ore che durò la lotta, rimasero feriti il tenente colonnello Gonzalo Páez che comandava i granatieri spagnoli, il tenente colonnello Gervasio Cruzat che lo sostituì; il capitano dei granatieri di *Navarra* Isidro Sanz; il capitano dei granatieri di *Marina* Isidro Antayo; vari subalterni, quattro sergenti e 204 soldati, la maggior parte gravi e morirono il capitano di *Marina* Nicolás de Cos, un subalterno, due sergenti e 43 granatieri, mentre le perdite degli assalitori furono valutate a più di milleduecento perdite tra morti e feriti. A mezzanotte dello stesso giorno tentarono di gettare un ponte dalla strada coperta alla breccia della controguardia destra e nonostante il fuoco ricevuto, riuscirono a poggiarlo sulle rovine della breccia, benché ancora a costo di forti perdite.

Oramai la maggiore parte degli scontri si decidevano all'arma bianca, poiché tra i difensori si avvertiva già la mancanza di polvere, oltre ad essere la maggiore parte degli ufficiali superiori feriti. I guastatori imperiali, protetti da petti di corazza ed elmi, avanzavano continuamente nel loro lavoro, subendo però molte perdite. Il 12 l'intenso fuoco d'artiglieria degli austriaci obbligò il reggimento di *Burgos* ad abbandonare la sua posizione nelle casematte e la notte del 16 gli austriaci giunsero al piede della breccia e cominciarono a scalarla subendo grandi perdite.

Alle undici di mattina del 17 gli imperiali assaltarono la contraguardia destra, difesa dal colonnello Isidro Guimbarda con due compagnie di granatieri una del *Guadalajara* e un'altra del *Navarra* e due della riserva, una del *Córdoba* e un altra di *Marina* e per sostenerli salì alla galleria il battaglione di *Guadalajara* che alloggiava nelle casematte della stessa contraguardia. Gli austriaci tre volte la assaltarono e tre volte furono respinti con gran quantità di morti e feriti. Fecero un quarto tentativo diretti dai generali conte di Wallis e Diesbach, con lo stesso risultato e con maggiori perdite e persistettero nell'attacco fino alle due della notte quando Mercy ordinò la ritirata, dopo aver perso più di 800 uomini. Le perdite sofferte dalla parte più scelta dell'esercito imperiale erano evidenti, giacché a partire da questo momento attaccavano le posizioni nemiche solo i fucilieri, per essere periti la maggiore parte dei loro granatieri.

Peraltro la situazione dentro la piazza era insostenibile, poiché v'era carenza di polvere e viveri e non v'era speranza di poter essere soccorsi dal marchese di Lede. Lo stesso giorno del 17 ottobre il governatore Luca Spinola riunì un consiglio di guerra, e si decise di capitolare per non sacrificare la valorosa guarnigione. Dalla cittadella si fece la chiamata ed iniziarono le negoziazioni.

Il 21 ottobre a mezzogiorno la guarnigione uscì dalla breccia con le armi, bandiere spiegate e tambur battente, sfilando tre le due ali che formavano le truppe imperiali, con il loro generale Mercy e tutti gli ufficiali e marciarono all'imbarco.

La difesa di Messina, che durò dal 19 luglio fino al 21 ottobre, era costata agli spagnoli in feriti ottanta ufficiali, ventinove sergenti e 981 soldati e in morti dodici ufficiali, undici sergenti e 354 soldati; secondo gli spagnoli invece gli imperiali perdettero intorno a 9.000 uomini tra morti e feriti.

Lo stesso giorno in cui si si diede inizio ai lavori di approccio alla cittadella di Messina, ne ebbe avviso il marchese di Lede nel suo campo di Francavilla e dopo aver convocato un nuovo consiglio di guerra il 20, si decise di porsi in marcia il giorno seguente verso Rometta, come si era stabilito prima. Per questo fine si distaccò davanti la cavalleria e si rinforzò l'esercito con il reggimento di fanteria *Nápoles*, che stava a Palermo, con i reggimenti di cavalleria di *Borbón* e *Milán* e quelli di dragoni di *Tarragona* e *Numancia*, che stavano in Trapani e Siracusa, venendo sostituiti nelle loro postazioni dai reggimenti di cavalleria di *Flandes* e *Salamanca*, che risultavano molto diminuiti; ed a Palermo si inviò quello di *Farnesio*. Si ordinò di riunire all'esercito i distaccamenti di Dupuy e Villahermosa, lasciando a Taormina due picchetti e si ordinò a Bracamonte di passare con il suo distaccamento di Castro Reale ad occupare il campo di Rometta.

Gli austriaci allo stesso tempo fecero un forte distaccamento di 6.000 uomini agli ordini del generale Wallis, che avanzò fino alla Scaletta per osservare i movimenti del campo spagnolo, che ancora rimaneva a Francavilla. Da parte spagnola si decise di porre assedio a Trapani, che era guarnita da due magri battaglioni. Per questa operazione si destinarono i battaglioni di *Palermo*, *Nápoles*, i due siciliani nuovi e quello di *Liguria*, completati con 300 tedeschi che avevano preso partito e un po' di gente delle navi. Avrebbero appoggiato queste truppe il reggimento di dragoni di *Numancia*, che stava alla Floridia e quello di *Tarragona*, che si trovava già attorno a Trapani. Questa operazione non ebbe poi luogo.

Un altro distaccamento comandato dal maresciallo di campo Dupuy e dal brigadiere Diego Corada attaccò il forte di San Alessio, con 600 uomini e due cannoni e dopo averlo battuto durante due giorni si diede un assalto, però per non avere sufficientemente effettuata la ricognizione della situazione della breccia, le scale predisposte per l'impresa risultarono corte e furono respinti dopo aver perduto tre ufficiali e venticinque soldati.

La sera del 29 agosto si diede l'ordine di marcia che fu posta in esecuzione il giorno seguente. Questo giorno l'esercito si accampò alla Novara, a tre brevi leghe; il 31 scese dalle alture di Fondachello e arrivò alla fiumara di Rodi ed il 1° di agosto si fermò a Barcellona (oggi Barcellona di Sicilia), dove si passò rivista alle truppe. e si trovarono 11.000 fanti e 2.000 cavalli, includendovi il reggimento di *Nápoles* che era giunto da Palermo lo stesso giorno, ed i reggimenti di dragoni *Frisia*, *Edimburgo* e *Numancia*, che si incorporarono dopo.

Il giorno 2 l'esercito si mantenne a "Barcellonetta" (come era comunemente detta Barcellona), il giorno seguente al fondaco del Muto e il 4 a Rometta. Il 5 si eseguì una ricognizione del campo nemico trovandolo molto fortificato e occupante posizioni molto forti. Lede riunì un nuovo consiglio di guerra, nel quale tutti sconsigliarono l'attacco del campo assediante, eccetto il conte di Montemar ed il marchese di Verboom che erano in favore di passare all'azione. Lede si portò in persona a riconoscere il campo nemico e nel corso di un nuovo consiglio riunito l'8, replicato anche il 9, si optò di non attaccare il campo austriaco.

Dal 9 al 21 settembre l'esercito si trattenne a Rometta ed il 22 marciò a "Barcellonetta", il 23 a Novara, il 24 a Francavilla ed il 25 e 26 fu suddiviso in diversi quartieri, ponendo il quartiere generale a Paternò.

LE OPERAZIONI NELLA SICILIA OCCIDENTALE

Dopo la resa della piazza di Messina, il marchese di Lede fece muovere l'esercito dai quartieri del Valdemone, dove si trovava, verso Palermo, lasciando un corpo di truppe per coprire Taormina e la Mola. Le sue truppe si componevano di trenta battaglioni, che mantenevano distaccamenti in Francavilla, Paternò, Adernò, Leonforte, Randazzo ed altre località. La cavalleria ed i dragoni stavano nella pianura di Mascari e Catania, con un distaccamento in Castro Reale, agli ordini del tenente generale Bracamonte che doveva vigilare sulle strade da Messina. Senza rinforzo di truppe nè viveri, e con una grande scarsità di denaro, l'elemento più sensibile per lui era la mancanza di ordini dalla corte di Madrid, che gli permettessero di orientarsi su come avrebbe dovuto comportarsi. In questa situazione decise di mantenere l'esercito nelle sue posizioni fino a che il nemico avesse fatto un primo movimento. Ciò fu eseguito alla fine di novembre, quando il barone di Zum-Jungen s'imbarcò in Messina su un gran numero di navi da trasporto con quelli che gli spagnoli valutarono a diecimila fanti, cinquecento ussari ed un potente treno d'artiglieria e, scortato dalla flotta inglese, passò a Trapani. Prima del suo arrivo si ritirò verso il campo spagnolo il colonnello Grimau che con trecento dragoni del suo reggimento la teneva bloccata.

Il marchese di Lede distaccò il tenente generale Luca Spinola con un corpo di cavalleria ed un corpo di granatieri senza bagagli per coprire il valle di Mazzara, per dove potevano venire i nemici. Allo stesso tempo si comandò di ritirare le guarnigioni da Taormina e dalla Mola e già agli inizi di dicembre l'esercito si pose in marcia per abbandonare quel tratto di paese. Alla fine dell'anno Lede abbandonò il suo quartiere di Paternò e nei primi di gennaio si unì al resto dell'esercito.

Gli austriaci una volta entrati in Trapani, non si preoccuparono di uscire da essa, a causa della crudezza dell'inverno e Spinola pose il suo quartiere in Castelvetrano spingendo i reggimenti di cavalleria di *Borbón* e *Farnesio* e quelli di dragoni di *Tarragona* e *Numancia* fino a Calatafimi, Sciacca e Salemi. Nel frattempo truppe imperiali si impossessavano dell'isola di Favignana, il cui forte chiamato di Santa Caterina, era custodito da un subalterno con venticinque soldati[54].

Il marchese di Lede ai primi del 1720 pose il suo quartiere generale in Alcamo, suddividendo l'esercito in quartieri tra i piccoli villaggi da questa località fino a Palermo, riunendo nelle vicinanze tutte le truppe disponibili. Alla stessa epoca si abbandonò l'isola di Pantelleria. La situazione dell'esercito migliorò un poco quando due galere riuscirono a superare il blocco che manteneva la flotta inglese e consegnare al marchese un soccorso di denaro. L'asprezza dell'inverno ed i temporali che flagellavano le acque della Sicilia impedirono agli austriaci di fare maggiori progressi, nel momento che alla fine il marchese di Lede ricevette ordini di ciò che doveva fare. In questi ordini gli si ingiungeva di cercare di ottenere una sospensione d'armi col generale Mercy. Seguendo questi ordini il 6 febbraio inviò a Trapani il brigadiere Luis de Aponte a parlamentare col generale imperiale, però non si giunse ad alcun accordo, perché la principale richiesta degli imperiali era la consegna immediata di Palermo.

Il 12 febbraio l'esercito imperiale si pose in marcia verso Castelvetrano, mentre il generale Seckendorf con un grosso distaccamento di 2.000 cavalli, tentò ad impadronirsi del caricatore di Sciacca, però fu ricevuto a cannonate dal tenente colonnello Rueda che lo custodiva. Il generale imperiale si ritirò e tornò questa volta con 6.000 fanti, sei cannoni e quattro mortai. Si aprì la trincea contro il caricatore il 17 febbraio e dopo cinque giorni di lavoro, si cominciò a batterlo in modo tale che il giorno seguente non rimaneva in piedi un sol muro. L'arrivo delle piogge, che durarono diciannove giorni, impedì al nemico di attaccare la breccia. Rueda chiese di capitolare 21 giorni dopo, quando il posto era già praticamente raso al suolo e senza capacità di difesa ed il 6 marzo rimase prigioniero di guerra con i suoi uomini, che erano 250 fanti del 1* battaglione del reggimento *Burgos* e 40 cavalieri del reggimento siciliano del duca di San Blasi (*Sicilia*).

Il marchese di Lede propose il 17 febbraio una seconda conferenza al conte di Mercy, sollecitando una sospensione delle armi di tre mesi e la consegna di Palermo, ad esclusione del forte di Castellamare, che sarebbe rimasto con una guarnigione spagnola, però di nuovo non conclusero nulla poiché Mercy concesse solo sei settimane di sospensione e richiedeva la consegna completa di Palermo.

In questo tempo giunse l'ultimo rinforzo al campo austriaco formato dal reggimento di cavalleria (corazzieri) di *Lobkowitz* e quello di ussari di *Esterhazi*.

Concluso l'assedio di Sciacca, il conte Seckendorf passò a congiungersi con l'esercito principale a Castelvetrano, dove pure vi si incorporò il barone Zum-Jungen da Trapani con le sue truppe compresi i due battaglioni

---

54   Probabilmente si trattava di "residenti" provenienti dal servizio sabaudo, poiché non opposero resistenza e passarono armi e bagagli al soldo imperiale: cfr. RAIMUND GERBA, Guerre in Sicilia e in Corsica..., cit.., p. 175 del suppl. (corrispondenza del principe Eugenio)..

sabaudi. Nel frattempo ad Alcamo, il marchese di Lede si preparava per una battaglia che considerava quasi inevitabile. Però ancora una volta le continue piogge impedirono i movimenti degli eserciti, che rimasero bloccati tutto il mese di marzo.

Un plico dell'ambasciatore ad Amsterdam, marchese di Berreti-Landi, che giunse per il tramite dell'ammiraglio Byngs, informò Lede che il re Filippo aveva aderito al trattato della Quadruplice Alleanza il 17 febbraio precedente, nel qual trattato si stipulava l'evacuazione della Sicilia e della Sardegna da parte delle truppe spagnole. Il 20 marzo il marchese di Lede convocò un consiglio di guerra al quale assistettero tutti i tenenti generali e nel quale espose la situazione e la stranezza in cui si trovava per non aver ricevuto nessuna carta da Madrid nel tempo trascorso dalla firma del Trattato. In questo consiglio si concluse che si dovesse accettare quanto il Re aveva firmato, però finché non giungessero ordini concreti, l'esercito sarebbe rimasto pronto a combattere. In questo modo, mentre continuavano i negoziati tra Lede e Mercy senza ottenere risultati, continuavano a prodursi scaramucce tra i due eserciti. Il 2 aprile, non avendo Lede ricevuto nuovi ordini, si incontrò con Mercy a Rossignolo, tra Alcamo e Castelvetrano, ma viste le discrepanze tra i due capi, gli eserciti si disposero di nuovo a combattersi. Il primo scontro di una certa importanza fu dovuto al conte di Pezuela, che in Santa Ninfa pose in rotta un forte distaccamento di ussari di *Esterhazy*.

Poiché continuava l'assenza di nuovi ordini a Lede e le negoziazioni non procedevano, il conte di Mercy optò per l'uso della forza e si pose in marcia con le sue truppe. Uscì da Castelvetrano e pose il campo a metà strada da Alcamo, dove erano gli spagnoli, e di lì passò ad accamparsi a Fornari, a mezzo giorno di marcia dall'esercito spagnolo. L'8 aprile scorgendo l'avanguardia imperiale, il marchese di Lede levò precipitosamente il proprio campo e si ritirò a Valguarnera e di lì per Montelepre e Monreale alle vicinanze di Palermo, dove giunse il giorno 11. Poiché il nemico lo inseguiva, appena arrivato cominciò a trincerarsi. Proseguirono l'avanzata scacciando le partite di dragoni spagnoli dalla zona di Partinico dove si accamparono il 18.

All'alba del 19 Mercy divise le sue truppe in due colonne, della principale delle quali egli prese il comando affidando l'altra al barone di Zum-Jungen. Con la prima, composta da gran parte della fanteria, un reggimento di dragoni e un altro di ussari, avanzò direttamente alla coda degli spagnoli fino a Montelepre. La seconda, col resto dell'esercito e l'artiglieria avanzò per la strada costiera. Da Montelepre, l'esercito imperiale andò ad accamparsi prima a San Nicola e di lì a Bellolampo, dove si riunirono le due colonne (Bellolampo è una collina alta 400 metri visibile da tutta la città di Palermo). Occuparono l'altura di Sferracavallo e i seicento granatieri che marciavano all'avanguardia ebbero una scaramuccia con duecento cavalieri spagnoli.

Il 23 aprile scendendo per la via di Sferracavallo tutto l'esercito austriaco si concentrò nel piano, accampandosi a breve distanza dagli spagnoli. Occuparono il monte Pellegrino, che per disattenzione gli spagnoli non avevano presidiato, obbligandoli a ritirare le truppe che coprivano la destra dello spiegamento spagnolo e, approfittando di questa situazione, attaccarono il molo appoggiati dal fuoco di alcune navi inglesi e, benché riuscissero a sloggiare gli spagnoli dalle postazioni esterne, si produsse un cruento combattimento attorno ad una cascina che si trovava in posizione vantaggiosa. Gli imperiali, in presenza del loro generale Mercy si impegnarono nello scontro però subirono una gran carneficina da parte dei quaranta cannoni che coprivano la linea spagnola. Alla fine conquistarono la cascina, però ad un prezzo terribile, morendo nel combattimento il principe di Anhalt e ferito il generale von Seckendorf.

Non vi furono ulteriori azioni di guerra fino al 2 maggio quando gli austriaci approfittando di una disattenzione degli spagnoli occuparono un ridotto che si era costruito ai piedi del monte Pellegrino, sopra una cascina in una zona avanzata e benché cercasse di recuperarlo l'ufficiale che lo comandava, perse i trecento uomini che componevano la guarnigione. Nel mentre, la linea spagnola prese le armi e iniziò un orrendo fuoco sugli imperiali, che si videro obbligati a ritirarsi al coperto, non senza però che prima cadesse ferito il principe di Assia-Kassel.

Il marchese di Lede comandò alla cavalleria di uscire dalla sinistra per distrarre quella del nemico che aveva di fronte e per la destra ordinò al reggimento di dragoni di *Lusitania* di caricare addosso al grosso della fanteria nemica e lanciò cinque distaccamenti di cavalleria al comando del brigadiere Joseph Vallejo contro otto squadroni di corazzieri austriaci in appoggio dei granatieri che avevano preso il ridotto. I corazzieri erano agli ordini del colonnello comandante del reggimento di *Portugal*, Beaufort. La velocità della carica dei cavalli spagnoli travolse gli imperiali, che incapaci di manovrare, finirono per ritirarsi in disordine venendo inseguiti fino al loro campo.

Allo stesso tempo il marchese comandò di trascinare artiglieria al ridotto e cominciò a batterlo e vi fu un momento in cui sembrò che stesse per stabilirsi una nuova battaglia, però gli imperiali si trattennero, limitandosi a conservare la posizione che avevano guadagnato.

Infine questa stessa sera giunsero al campo spagnolo gli ordini di Filippo V, coi quali si ingiungeva al marchese di evacuare le due isole di Sicilia e di Sardegna, per il qual motivo i combattimenti vennero perdendo di intensità e la stessa notte il marchese di Lede inviò un ufficiale al campo imperiale con l'informazione sulla natura degli ordini ricevuti. Il giorno seguente, 3 maggio, si riunirono i generali delle due parti contendenti e cominciarono le negoziazioni, che terminarono il giorno 6 seguente, con la firma di un trattato in ventotto articoli.

L'EVACUAZIONE DI SICILIA E SARDEGNA

Raccolte le truppe dopo essere uscita la guarnigione di Palermo i giorni 9 e 10, s'imbarcò il 19 giugno a Termini il primo convoglio che doveva trasportare gli uomini in Spagna, e poco dopo le rimanenti truppe, di modo che prima della fine del mese di Agosto non rimanevano truppe spagnole in Sicilia. La *Gaceta de Madrid* riporta in dettaglio l'arrivo a Barcellona dei convogli:

– 16 luglio 1720: "È arrivato a Barcellona il primo convoglio delle truppe che evacuano la Sicilia, composto da 4 battaglioni delle *RR.GG. Españolas* e 4 delle *Walonas*, i reggimenti di fanteria di *Liguria, Milán, Palermo, Esguizaros, Valdenoto, Valdemazara, Ultonia, Grisones, Irlanda, Hibernia y Valdemoni* [sic], in tutto 21 battaglioni. I reggimenti di cavalleria di *Andalucía, Farnesio, Barcelona* e *Sicilia* e quelli di dragoni di *Numancia, Batavia* ed *Edimbourg* [sic], il corpo degli ingegneri e alcune compagnie dei battaglioni di marina. [...] Comandano le truppe procedenti dalla Sicilia i Tenenti Generali D. Lucas Spinola, D. Joseph de Armendariz e i Marescialli di campo D. Geronimo de Solís y Gante, D. Luis de Aponte, D. Pedro de Castro y Figueroa, D. Felix de Aragón, il Cavaliere de Lalain, D. Domingo Luquesi e D. Francisco Varic."

– 6 agosto 1720: "Sono arrivati a Barcellona provenienti dalla Sicilia 8 battaglioni dei reggimenti di fanteria di *Lombardía, Nápoles, Mesina* [sic], *Henau* [sic], *Borgoña* e *Utrec* [sic] e un battaglione del reggimento di artiglieria insieme con i reggimenti di cavalleria di *Borbón y Milán*, e quello di dragoni di *Lusitania* tutti al comando del Maresciallo Campo D. Felipe Dupuy. "

– 3 settembre 1720: "Sono arrivati a Barcellona 19 battaglioni provenienti dalla Sicilia dei reggimenti di *Castilla, Navarra, Guadalajara, Saboya, Cantabria, Cordoba* [sic], *Asturias, Madrid, Valladolid, Aragón, Burgos* e uno di *Artillería*, congiuntamente ai reggimenti di cavalleria di *Salamanca, Flandes* e *Bravante* [sic] e quelli di dragoni di *Frisia* e *Tarragona*, tutti agli ordini del Capitano Generale Marchese di Lede.

Parallelamente il 4 agosto il tenente generale Gonzalo Chacón rimise Cagliari ed il Regno di Sardegna al rappresentante dell'Imperatore, il quale, dopo quattro giorni, li trasferì a sua volta al tenente generale savoiardo Luigi Desportes, arrivato nell'isola con 1.200 uomini per prenderne possesso come rappresentante di Vittorio Amedeo II (da allora fino al 1861 i domini dei Savoia furono noti come Regno di Sardegna), mentre evacuava l'isola la sua guarnigione spagnola, composta dai due battaglioni di *Murcia*, quello di *Córcega* ed il reggimento di dragoni di *Caller*. Il 3 settembre giunge ad Alicante da Cagliari il Capitano Generale Gonzalo Chacón con il reggimento di fanteria di *Murcia* e parte del reggimento di dragoni di *Caller*.

Aveva così termine la guerra del 1717-1720, un conflitto dall'esito infausto per la Spagna, ma che aveva però mostrato all'Europa che l'ascesa al trono di Filippo V aveva effettivamente dato inizio alla rigenerazione di uno stato considerato ingiustamente come avviato a un'inarrestabile decadenza.[55]

---

55   Una rivalutazione del ruolo storico di Filippo V è nel recentissimo libro di CHRISTOPHER STORR, *The Spanish Resurgence, 1713-1748*, New Haven (CT), Yale University Press, 2018.

Tav. 5 Fucilieri dei reggimenti di fanteria *Irlanda* e *Castilla*.

ORGANIZZAZIONE DELL'ESERCITO SPAGNOLO

L'esercito spagnolo era stato completamente riorganizzato in pochi anni dopo l'avvento sul trono di Madrid della nuova dinastia borbonica, quando alla fine del 1700 con la morte di Carlo II d'Asburgo, il regno passò a Filippo V, duca d'Anjou e nipote del re di Francia Luigi XIV (era figlio del Delfino). Furono subito avviate riforme per modernizzare le strutture militari iberiche; il ramo austriaco degli Asburgo non accettò la designazione di un francese sul trono di Madrid e si aprì un periodo di guerra durato fino al 1714, al termine del quale i possedimenti spagnoli di Fiandra e d'Italia (Milano, Napoli, Sardegna e Sicilia) passarono agli Austriaci. Durante questo lungo periodo di guerra (Guerra della Successione Spagnola) Spagnoli e Francesi, invertendo una secolare tradizione, furono alleati contro quasi tutto il resto dell'Europa. Come conseguenza le strutture militari spagnole furono quasi interamente modellate su quelle francesi: scomparvero i vecchi gloriosi *Tercios* della fanteria spagnola sostituiti dai reggimenti, creati sull'esempio francese. Tra il 1707 ed il 1717 le unità di fanteria, cavalleria e dragoni ricevettero quasi sempre nomi legati alla famiglia reale o di città e di provincie (anche italiane e dei Paesi Bassi ad affermare una rivendicazione non ancora abbandonata), in luogo di essere denominate dal colonnello, come era stata prassi nel passato, per evitare il continuo cambio di nome delle unità in conseguenza dell'avvicendarsi dei loro colonnelli. Nel febbraio 1707 fu emanata un'apposita Ordinanza assegnando un nome fisso ai reggimenti di fanteria allora sul suolo iberico; il rientro in Spagna di unità dalla Lombardia, dalle Fiandre, da Napoli e dalla Sicilia durante il periodo dal 1707 al 1714 fece sì che questa misura si estendesse successivamente ai reggimenti che provenivano da quei teatri, tra le quali ve ne erano alcune composte da stranieri.

Fanteria, cavalleria e dragoni.
La riforma dell'esercito eseguita in Spagna nel 1715 alla fine della guerra della Successione Spagnola, era servita solamente ad alleggerire un poco il costo per l'erario. Si ridussero i reggimenti di fanteria da 108 a 37, ognuno su 2 battaglioni, e quelli di cavalleria da 68 a 31 (inclusi 10 di dragoni) con 99 squadroni (12.000), lasciando l'artiglieria su 36 compagnie (9 di artiglieri, 3 di minatori e 24 di fucilieri). Praticamente ci si limitò a licenziare le unità che erano state formate dalle milizie, che si trovavano in uno stato più precario, e riaggruppare le truppe straniere giunte in Spagna dopo l'evacuazione dei vecchi possedimenti in Europa. Non si ridusse il potenziale militare, lasciando le unità preparate a ricevere un gran rinforzo di gente in caso di una necessità che si prevedeva vicina (essenzialmente mantenendo in servizio o a mezza paga ufficiali e sottufficiali e i soldati veterani, che avrebbero potuto inquadrare facilmente nuove leve di gente inesperta). Si rivide il quadro d'avanzamento secondo criteri meritocratici, si restaurò la disciplina, si ripararono le fortezze, si accumularono cospicue riserve logistiche. A Pamplona creò una grande base strategica e a Guadalajara una moderna manifattura tessile con 500 famiglie di artigiani olandesi. Si rinnovò l'intero armamento, con massicce importazioni di metallo dall'Olanda e il ripristino di 4 Fonderie Reali (Malaga, Barcellona, Siviglia e Valencia), 3 fabbriche di fucili (Madrid, Barcellona e Vizcaya e un polverificio (Navarra).

Trasformazioni organiche del 1717.
I trattati di pace non avevano portato la pace desiderata all'Europa e appena seccato l'inchiostro delle firme tutti i governi europei cominciarono a prepararsi per la nuova guerra che si scorgeva vicina. La Spagna era la nazione che si riteneva la peggio trattata nei tavoli di negoziazione e nella corte di Madrid si palpava un crescente animo di rivincita. L'ampliamento dell'esercito cominciò con la *Real cedola* del 20 luglio 1717:
... después de fenecida la última guerra, y con el deseo de aliviar a mis vasallos, reduje mis Tropas a un pie moderado, reformando a este fin diferentes cuerpos de infanteria, Cavalleria y Dragones; pero dejando las compañias en un numero de Soldados tan proporcionado, que sobre él se pudiese hacer un aumento considerable, siempre que conviniese a mi Real servicio ...

Per Real ordine del 12 dicembre 1717 si ordinò di porre i reggimenti di dragoni sul piede di 50 uomini montati per compagnia, inclusi il sergente e tamburo. Nella cavalleria si aumentarono i reggimenti destinati per la spedizione di Sicilia di sessanta uomini, cinque per compagnia, portando gli squadroni a centoventi uomini. I reggimenti di fanteria destinati per la spedizione si aumentarono dieci uomini per compagnia, ordinandosi di porre ogni battaglione sul piede di seicento cinquanta uomini, reclutando ogni compagnia fino a cinquanta uomini e in un primo momento, a causa della difficoltà di reclutare i reggimenti stranieri con gente dei loro paesi, si ordino di completarli con spagnoli.

Per Real dispaccio del 13 dicembre 1717 si fece la leva di 7.150 uomini per aumentare la forza della fanteria, facendo seguito ad un precedente decreto del 20 luglio:

Ho risolto, che i cinquanta e cinque battaglioni che si espresseranno in questo dispaccio, si pongano sul piede e numero di seicento e cinquanta uomini cadauno, reclutando ogni compagnia fino a cinquanta piazze, inclusi i Sergenti e il Tamburo, in luogo dei quaranta che loro corrispondeva per l'ultimo regolamento ...

I reggimenti la cui forza fu aumentata con questa prima leva furono i seguenti[1].

Destinati alla Catalogna	Destinati all'Andalusia	Destinati all'Estremadura
1º e 2º de Castilla.	Santiago	Costa (Vitoria).
1º e 2º de Guadalajara.	Marina (Palencia).	Catalogna.
1º e 2º de Toledo.	Mar de Nápoles (Corona).	Aragón
Valladolid.	Almansa.	1º e 2º de Granada
1º e 2º de Armada (Mallorca).	Valencia.	1º e 2º de Bajeles (Córdoba)
1º e 2º de Cantabria.	1º e 2º de Córdoba (Spagna)	
Osuna (Madrid).	1º e 2º de Asturias.	
Macaulif (Ultonia).		
Castelar (Hibernia).		
Bruselas (Borgoña).		
Charleroy (Utreck)		
Nápoles.		
Milán.		
Maiorca	**Valencia**	**Castiglia**
1º e 2º Saboya.	1º e 2º de Navarra.	Galicia
1º e 2º Soria	Málaga.	Cuenca.
	Sevilla.	
Aragón	**Navarra**	**Guipúzcoa**
1º e 2º de Lisboa	1º e 2º de Zamora	1º e 2º de Fijo de Sicilia (África)
	Galicia	
	1º e 2º de León	

Nuove disposizioni per le paghe, le uniformi e l'armamento dell'esercito furono introdotte dal regolamento del 10 gennaio 1718 *para los sueldos, vestuarios, armamento, gratificacion, y forma de pagar y ajustar los Regimientos de Infanteria, Cavalleria y Dragones*; l'ordinanza del 10 febbraio 1718 diede nomi fissi ai reggimenti che continuavano a prendevano il nome del loro colonnello, cambiando contemporaneamente il nome di alcuni reggimenti spagnoli di fanteria[2].

I reggimenti "veterani" (ossia di vecchia formazione) che presero parte alla guerra del 1717-1720 erano i seguenti (tra parentesi i nomi portati prima dell'ordinanza del 10 febbraio 1718)[2]:

---

1 Si pongono in parentesi i nomi attribuiti ad alcuni reggimenti dall'ordinanza del 10 febbraio 1718 riportata di seguito.
2   Entrambe in JOSÉ ANTONIO PORTUGUES Y MONENTE, *Colección General de las Ordenanzas Militares del Ejército de España desde 1551 hasta 1758*, Madrid, Antonio Marin, 1764-1765, II, pp. 257-345 e 347-356.

Regimientos de Infanteria	Valloni
Regimiento de Guardias Espanolas Regimiento de Guardias Walonas	Borgoña (Bruxelas) Brabante Gante (Flandes)
Spagnoli	Venlo (Namur)
España (Córdoba) Castilla Corona (Mar de Nápoles) León Aragón Navarra Portugal (Toro) Granada Lombardia África (Fijo de Sicilia) Toledo Valencia Galicia Mallorca (Armada) Sevilla Córdoba (Bajeles) Murcia Jaén Lisboa Cuenca Zamora Saboya Soria Guadalajara Ceuta Burgos Vitoria (Costa) Cantabria Palencia (Marina) Santiago Cataluña Asturias Madrid (Ossuna) Almansa Valladolid Málaga Badajoz Artillería	Hainaut Limburg (Malinas) Zelanda (Ostende) Amberes Gueldres Luxemburgo Utrecht (Charleroi) Mons (Fusileros.de Flandes) Artesia (Bruges) Cambresy (Cortray) **Regimientos de Caballeria** Compañia Española de Guardias de Corps Compañia Italiana de Guardias de Corps La Reyna Príncipe (Asturias) Borbón (Rosellón viejo) Farnesio (Atry) Ordenes Santiago Alcántara (Cecile) Calatrava (Zayas) Montesa (Pozoblanco) Malta (Lafarina) Sevilla Granada Bravante Flandes Milán Barcelona (Dupuy) Andalucía (Amendariz) Rosellón (Rosellón nuevo) Algarve (Con.de del Real) Salamanca (Urive) Estremadura
Irlandesi	
Irlanda (Vacop) Hibernia (Castellar) Ultonia (Macaulif) Vaterfort (Comefort) Limerick (Bandoma)	**Regimientos de Dragones** Numancia (Ossuna) Sagunto (Marimón) Tarragona (Grimau) Lusitania (Pezuela)
Italiani	Belgia (Itre)
Nápoles Sicilia Milán Parma Corcega (Basilicata)	Batavia (Boseli) Frisia (Bandoma) Pavia (Caylús) Edimburgo (Mahoni) Dublin (Ocalagán)

Nella fanteria i due reggimenti di guardie avevano la precedenza, seguiti dagli altri nelle tre "nazioni" spagnola, italiana e vallona: i reggimenti irlandesi non costituivano una "nazione" a parte, ma avevano il privilegio di essere considerati spagnoli. Nella cavalleria e nei dragoni, invece, i reggimenti costituivano una categoria unica e si susseguivano in ordine di anzianità, salvo quelli della *Regina* e del *principe delle Asturie* (l'erede al trono) che avevano la precedenza *"por privilegio"*. Come si vede il nome attribuito a un reggimento non era affatto indicativo della sua nazionalità.

Di fronte alle sfide che si aspettava e per esaudire le sue ambizioni, la Spagna si vide obbligata a rinforzare il proprio esercito e a tal fine, a parte l'aumento del numero di soldati per compagnia, si arrivò alla formazione di nuovi battaglioni e reggimenti. Come già notato, l'eccesso dei soldati veterani disoccupati che si era registrata in Europa al termine della Guerra di Successione Spagnola, permise la rapida recluta dei nuovi corpi, specialmente quelli stranieri.

▲ Jose Patiño Rosales, opera di Esteban Aparicio, Museo del Prado, Madrid.

Un antico elenco di nuovi corpi costituiti fra il 1717 ed il 1720 ha sempre fatto pensare che durante la guerra si levassero 36 battaglioni, tra i quali due di guardie spagnole e due delle vallone, sei in Sicilia e altri di varie nazionalità, una compagnia di guardie del corpo fiamminga, due reggimenti di cavalleria, di cui uno in Sicilia, e ben dieci reggimenti di dragoni, di cui uno in Sardegna.

Corpi che si sono formati, dal giorno 10 Febbraio 1718 fino alla fine di luglio 1720.

FANTERIA

1. Due battaglioni di Guardie Spagnole e altri due di Guardie Vallone.
2. I reggimenti di fanteria *Navarra Nuevo*, (colonnello Eugenio Zavalza); *Vizcaya* (Ignacio de Aranda y Salcedo); *Barcellona* (Ramon Junient y Vargas); *Liguria* (Orazio Landini); *Toscana* (Giovanni Michele Roncalli); *Italia* (Antonio de Araciel); *La Comerie* (Marcos Antonio de la Comerie); *Helvecia* (Gian Francisco Richeri); *Grisones* (Andrea Salis); *Svizzeri* (Francisco Mayor); e quelli di *Baviera* e *Münster* che non giunsero

1 Aragona

3 Burgos

2 Asturias

4 Cantabria

6 Barcelona (cavalleria)

5 Alcántara (cavalleria)

7 Borbón

8 Farnesio

9 Flandes

Bandiere di fanteria e stendardi di cavalleria (Brown University, Providence – RH).

ad essere completi. In Sicilia si formarono i reggimenti di fanteria di *Palermo* (Giovan Battista Gravina); *Messina* (Principe di San Pietro); *Valdinoto* (Saverio Gravina); *Valdemazzara* (marchese della Sambuca); *Valdemone* (Ignazio Termini); *Augusta*, (Mariano Naselli). In Sardegna si formò il reggimento di fanteria *Cerdeña* (Giuseppe Masones de Lima.[3]

3. I secondi battaglioni dei reggimenti di fanteria de *La Corona*, *Badajoz*, *Luxemburgo*, *Flandes*, *Artesia*, *Waterford* e *Hibernia* ed il terzo battaglione del reggimento dell'artiglieria.

CAVALLERIA E DRAGONI

1. *Compagnia fiamminga delle guardie del corpo*, capitano il duca di Bournonville Caprés.
2. Reggimenti di cavalleria di *Orán*, colonnello Joseph Pastor e di *Sicilia* (duca di San Biagio).
3. Reggimento di dragoni di *Ampurdán* (Isidro Pou de Jafre); *Ribagorza* (Pedro Miguel); *Zaragoza* (Domingo Traggia); *Mérida* (marchese di Rianzuela); *Palma* (marchese di Arián); *Llerena* (Diego Ponce); *Francia* (Pedro Zacarías de San Maurin); *Cartagena* (Joseph Caro); *Jerez* (Bartolomé Francisco Ramos) e *Caller* (*Cagliari*) (Gavino Olivés), formato in Sardegna.

In realtà i nuovi corpi furono assai di più, come appare evidente dalla documentazione archivistica e dai periodici dell'epoca (v. Appendice III). Francisco Andújar Castillo nel suo libro "*El sonido del dinero*" ha scritto: "crediamo che si costituirono altri secondi battaglioni, a giudicare dalle minute mandate dalla *Secretaría del Despacho de Guerra* a José Patiño, che aveva ricevuto l'incarico di formalizzare le corrispondenti capitolazioni. Secondo tali minute, si formarono anche secondi battaglioni per altri reggimenti, tra i quali *Limerick*, *Sicilia*[4], *Italia*, *Mons*, *Parma*, *Cambresi*, *Namur* e *Corona*, oltre un reggimento di un solo battaglione formato da Juan Bautista Savary, *servicio* per il quale ottenne il grado di brigadiere degli eserciti reali …".[5]

Il regolamento del 10 gennaio 1718 stabilì anche la la composizione dei reggimenti in tempo di pace.

Composizione di un reggimento di fanteria.

Lo stato maggiore (*plana mayor*) di un reggimento di fanteria era composto da colonnello, tenente colonnello, *sarrgento mayor* (ossia l'odierno maggiore), aiutante, chirurgo, cappellano e tamburo maggiore. I battaglioni si componevano di tredici compagnie, dodici di fucilieri e una di granatieri. Ognuna di esse si componeva di capitano, tenente, alfiere (sottotenente nei granatieri), due sergenti, tre caporali, due secondi caporali, armati con carabine a canna rigata, un tamburo e trentadue soldati. Lo stato maggiore del secondo battaglione era formato da aiutante, cappellano e chirurgo (Questo battaglione era comandato dal capitano più anziano, detto *Capitán comandante*). La maggioranza dei reggimenti "veterani" di fanteria spagnola si componeva di due battaglioni, mentre quelli italiani e valloni erano formati normalmente da uno solo. Colonnello e tenente colonnello avevano ciascuno la propria compagnia (di conseguenza in ogni battaglione i capitani erano undici non tredici) anche se il comando effettivo ricadeva sul tenente; il *sargento mayor* si occupava di questioni amministrative e disciplinari e non aveva compagnia).

La forza totale di un battaglione in tempo di pace era di 520 soldati, senza contare gli ufficiali. In caso di guerra esso doveva essere aumentato di 130 soldati, dieci per compagnia, in modo che ognuna avesse 50 soldati e il

---

3   Solo i reggimenti levati in Sicilia, i due battaglioni del *Liguria*, gli svizzeri di *Mayor* e i grigioni di *Salis*, parteciparono alle campagne sull'isola. Eccetto quello di *Augusta*, che era a Longone, furono evacuati nel 1720 inieme all'esercito spagnolo. V. Appendice III.

4   Riferimenti alla formazione di un battaglione del reggimento di *Sicilia* si trovano anche in documenti d'archivio italiani, anche se tale reggimento rimase sempre in Spagna, come l'altro italiano di *Parma*. Il reggimento di fanteria italiana di *Sicilia* era stato formato a Napoli sul piede di fanteria italiana il 28 ottobre 1704 e Pietro Vico ne fu il primo colonnello. Nel 1705 passò in Spagna alla difesa di Barcellona e della Catalogna e fu distribuito di guarnigione in Tarragona e a Rosas. Precedeva in anzianità il reggimento *Mecina*, che avrebbe dovuto essere sciolto nel 1731: esso costitutiva però il presidio di Longone, piazza lontana e isolata, per cui *Sicilia* venne sciolto al suo posto, mentre *Mecina* ne assunse il nome.

5   Andújar Castillo, Francisco, *El sonido del dinero: monarquía, ejército y venalidad en la España del siglo XVIII*, Madrid, Marcel Pons Historia, 2004, p. 77. Per i reggimenti di nuova formazione costituiti in Italia nel 1717-1718 v. Appendice III.

battaglione arrivasse alla forza di 650. I reggimenti che presero parte alla spedizione di Sardegna avevano già ricevuto questo aumento, che nel corso del 1718 fu esteso agli altri corpi.

Ciascun reggimento aveva anche una piccola banda composta di suonatori di oboé, che erano dei civili assunti a spese del colonnello e degli ufficiali. Anche i tamburi erano più di uno per compagnia, la quale spesso aveva anche un piffero, incarichi affidati di norma ai figli dei soldati. Questi musicanti *extra* non figurano negli organici perché non erano stipendiati dall'erario.

I due reggimenti delle guardie spagnole e vallone avevano una composizione particolare: ciascuno di essi era formato di quattro battaglioni (saliti poi a sei) di sette compagnie di cento uomini ciascuna, una di granatieri e sei di fucilieri. In tempo di guerra i battaglioni di questi reggimenti scendevano in campo con una compagnia in meno, lasciata a prestare servizio presso la corte.

Composizione di un reggimento di cavalleria.

Ogni reggimento di cavalleria aveva stato maggiore e tre squadroni, ognuno di quattro compagnie, in totale dodici compagnie per reggimento. Lo stato maggiore era composto dal colonnello, tenente colonnello, *sargento mayor*, aiutante, cappellano, chirurgo e timballiere. Ogni compagnia comprendeva un capitano, un tenente, un cornetta o alfiere (sottotenente), un *mariscal de logis* (sergente), due caporali, tre carabinieri e 18 soldati; in più ogni due compagnie vi era un trombettiere. Come nei reggimenti di fanteria colonnello e tenente colonnello avevano ciascuno la propria compagnia e in più comandavano uno squadrone, mentre l'altro era comandato dal capitano più anziano, detto *Capitán comandante*. La forza totale di uno squadrone in tempo di pace era di 98 soldati, ma quelli dei reggimenti destinati alla spedizione di Sicilia furono portati a 130, aumento poi esteso agli altri corpi. In Sicilia i carabinieri furono riuniti in compagnie e squadroni, cosa facile per il gran numero di ufficiali provenienti da reggimenti sciolti aggregati ai reggimenti: due squadroni di carabinieri presero parte alla battaglia di Francavilla. Finita la guerra, nel 1721, la formazione di una compagnia di carabinieri venne estesa a tutti i reggimenti di cavalleria.

Composizione di un reggimento di dragoni.

I reggimenti di dragoni erano formati di dodici compagnie, come quelli di cavalleria, ma raggruppate in tre squadroni invece che quattro. Esse comprendevano capitano, tenente, alfiere, sergente, tre caporali, quattro carabinieri, un tamburo e 41 soldati. Lo stato maggiore era composto da colonnello, tenente colonnello, *sargento mayor*, aiutante, cappellano, chirurgo e tamburo maggiore. In tempo di pace i dragoni erano per metà smontati, ma già il 12 dicembre 1717 era stato ordinato di metterli tutti a cavallo. In Sicilia i granatieri furono probabilmente riuniti in compagnia come per i carabinieri, ma non si sono trovate indicazioni in merito.

E da rimarcare il gran numero di nuovi reggimenti di dragoni che si formarono tra il 1717 e il 1720, quasi tutti impiegati nella penisola iberica contro i francesi.

Tattica Militare.

Il raggruppamento nel territorio peninsulare delle unità che avevano servito in distinti eserciti con forme di guerra differenti portò alla necessità di unificare tutte queste materie perché l'esercito potesse operare efficacemente. A livello tattico durante tutta la guerra della Successione spagnola si diedero varie istruzioni per cercare di unificare elementi fondamentali quali la formazione dei battaglioni o le voci di comando, come si contiene nella *Recopilación de diversas ordines dadas en el Regimiento de infanteria del Coronel y Mayor General de la del Exercito de Andaluzia D. Antonio del Castillo, sobre la disciplina, mecánica e policía de él*, pubblicata a Cadice nel 1706, però in essa non erano comprese nè il servizio delle brigate nè la unificazione delle voci per il maneggio dell'arma e neppure l'ordine chiuso delle unità. Fu solo il regolamento *para la paga, servicio, mecánica y forma en que deberá subsistir mi Infanteria desde primero de Enero de 1707 en adelante* (inserito nell'ordinanza del 30 dicembre 1706) che si dettarono le prime norme. L'importanza di questo regolamento non è stata finora

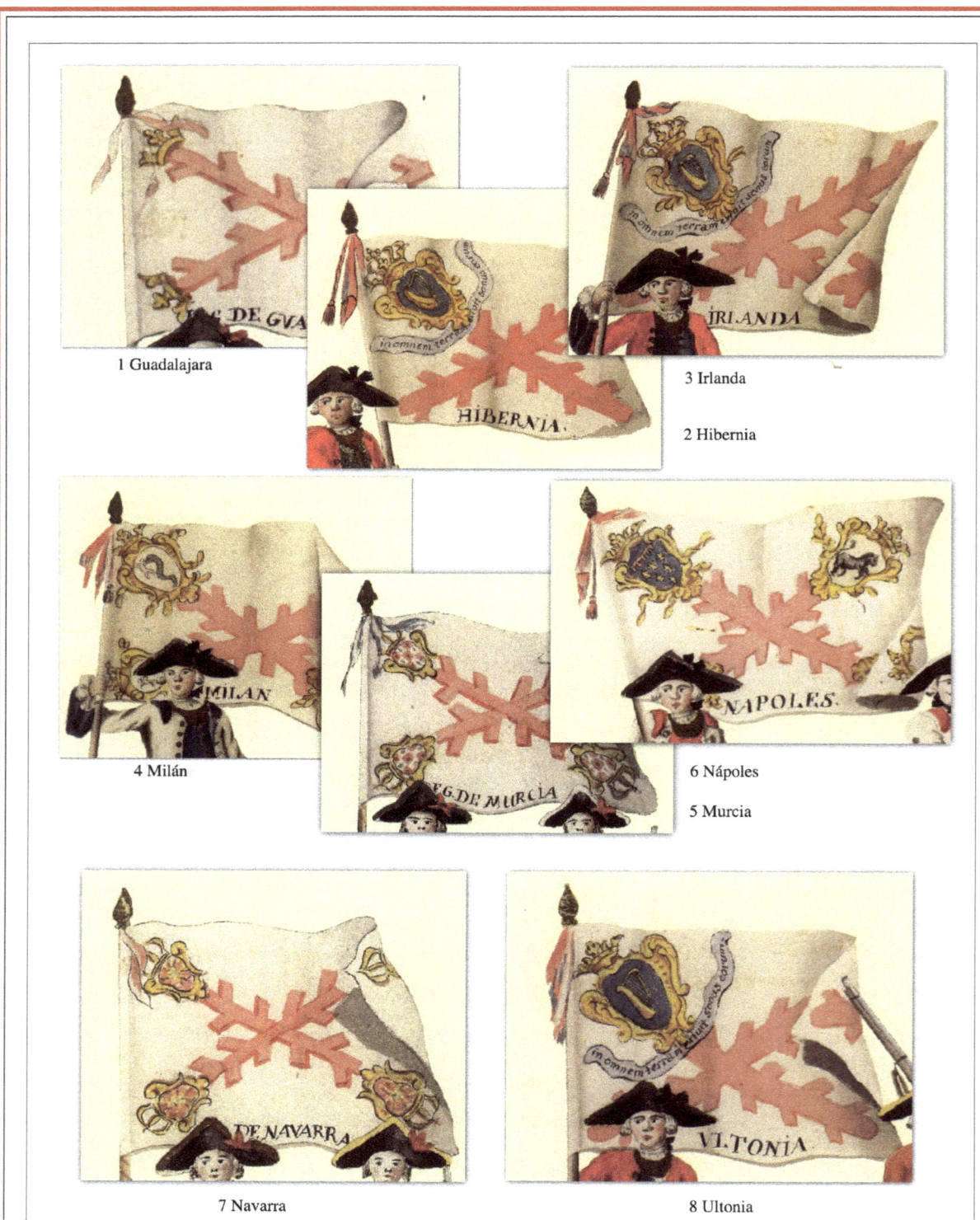

1 Guadalajara

3 Irlanda

2 Hibernia

4 Milán

6 Nápoles

5 Murcia

7 Navarra

8 Ultonia

Bandiere di fanteria (Brown University, Providence – RH).

1 Córdoba

3 Guardias Walonas

2 Guardias Españolas

5 Dragoni Lusitania

4 Dragoni Batavia

6 Dragoni Frisia

7 Dragoni Edimburgo

8 Dragoni Numancia

Bandiere di fanteria e cornette di dragoni (Brown University, Providence – RH).

sufficientemente considerata, perché oltre stabilire un piede permanente per tutte le unità, fissare i soldi e le razioni, contiene la omogeneizzazione dell'armamento e la trasformazione del vestiario dell'esercito, facendo scomparire gli antichi e vistosi colori delle uniformi, come avevano già fatto in Fiandra le *Instrucciones para los inspectores de la Infantería y Cavalleria* del 1703, secondo cui era intenzione del re era «che tutta la fanteria vesta di panno biancastro, però che [i colonnelli] potranno scegliere per le risvolte delle maniche degli abiti quel colore che gli convenga».

Si diceva infatti che «avendo fatto vestire e armare uniformemente la mia Fanteria, che voglio sia tutta vestita di bianco, variando i colori delle mostre».

In questo modo si cominciò a regolarizzare le paghe, la sostituzione e la riparazione dell'armamento, equipaggiamento ed uniformi e infine a livello di tattica si regolò il modo di accampare, di montare le guardie ed il servizio per brigate, essendo creazione del conte di Aguilar quando era colonnello del reggimento delle guardie di fanteria spagnola.

Il regolamento contiene 70 voci dell'esercizio per maneggio delle armi e altre diciassette per i granatieri, da cui si inferisce la gran quantità di ore d'istruzione alla quale si dovevano sottomettere le unità perché fossero capaci di svolgerle con scioltezza.

Le evoluzioni sul terreno erano raccolte in undici punti, con le sue varianti e alla fine ci si riferiva specificatamente al comportamento dei battaglioni, tanto in campagna come in guarnigione, il modo di accamparsi o il servizio per brigate già praticato usualmente in tutti gli eserciti europei.

Dopo la fine della guerra il 18 maggio 1716 si emanò una nuova Real Ordinanza per l'"*Exercicio, e Servicio de la Infanteria, modo de campar, de hacer el servicio Por Brigadas, montar las Guardias en las Plazas, y en Campaña*" …

Questa nuova norma conservava integralmente le voci dell'esercizio per i fucilieri ed i granatieri, le evoluzioni ed ulteriori norme, il che non giustifica quanto contenuto nel suo preambolo:

Habiéndose experimentado grande atraso en el Exercicio de la Infanteria de mis Ejércitos, así por los frecuentes y trabajosos movimientos, que los Regimientos han experimentado durante la última guerra, y por la continua fatiga del servicio en las Plazas, y en Campaña, como por no haberse tratado este asunto en los Reglamentos, y Ordenanzas Militares, con la extensión suficiente …

Comunque entrambe le ordinanze ponevano speciale enfasi sull'istruzione costante della truppa e i comandi, tanto in guarnigione come in campagna.

Generali, artiglieria e ingegneri[6]

La guerra in Sardegna e in Sicilia non apportò molte varianti all'ordinamento adottato durante la precedente guerra di Successione (spagnola), continuando i generali a essere denominati con gradi ricalcati su quelli francesi (*Capitán General*, equivalente a Maresciallo di Francia, *Teniente General*, *Mariscal de campo*) mentre, sempre su esempio francese, quello di *brigadier* era un incarico intermedio tra generale e ufficiale superiore, che poteva essere conferito anche a tenenti colonnelli. Anche gli ufficiali addetti agli stati maggiori avevano titoli simili a quelli francesi, quali il *mayor general* della fanteria, il *mariscal general des logis* della cavalleria e il *mayor general* dei dragoni, che curavano la trasmissione e l'esecuzione degli ordini del comandante in capo. Un ruolo molto limitato aveva il *Quartel maestre*, carica quasi sempre ricoperta dal comandante degli ingegneri. Queste cariche erano temporanee e quando le truppe si ritiravano nei quartieri invernali i loro titolari assumevano altri incarichi.

I vari servizi di un esercito erano diretti da funzionari civili con titoli quali commissari di guerra, tesorieri, medici e chirurghi, mentre l'ecclesiastico che sovrintendeva al servizio religioso era *Teniente de Vicario General*. Nel 1718 per la spedizione in Sicilia la direzione dei servizi venne unificata e affidata a Francisco Salvador de Pineda che aveva rango di *Intendente*, coadiuvato da un *Contador*, un *Tesorero*, un *Comisario Ordenador* e nove *Comisarios de Guerra*. José Patiño era *Intendente General de la Marina*, ma non aveva alcuna ingerenza sui servizi della spedizione, che seguiva come rappresentante di Alberoni.

L'artiglieria era costituita dallo stato maggiore e dalle truppe. Il primo provvedeva a tutte le incombenze relative

6   Paragrafo a cura di Paolo Giacomone Piana.

al materiale dell'arma (costruzione e manutenzione dei pezzi e carriaggi, provvista e conservazione di polvere e munizioni) e così via; alle seconde era affidato il servizio dei pezzi. Allora non esistevano batterie permanenti di artiglieria e il materiale era custodito nei magazzini, da cui veniva tratto quando se ne presentava l'occasione: anche nelle piazze solo parte dei pezzi era in posizione lungo le mura.

Lo stato maggiore comprendeva personale di tutti i gradi, dal *Capitán General* al semplice guardamagazzini. Il 2 maggio 1710 le truppe addette ai "treni" di artiglieria dei vari eserciti furono riunite nel reggimento *Real Artillería de España*, ordinato sulla falsariga dei reggimenti di fanteria su tre battaglioni (da ridursi a due a guerra finita) ciascuno di dodici compagnie: tre di artiglieri (106 uomini l'una compresi 10 bombardieri e 10 operai), una di minatori (46) ed otto di fucilieri (56). Agli artiglieri spettava il servizio dei cannoni, ai bombardieri quello dei mortai e dei petrieri, agli operai la manutenzione del materiale e ai minatori il servizio delle mine.

I fucilieri dovevano svolgere i lavori pesanti richiesti dal maneggio dei pezzi e sorvegliare i "treni" di artiglieria. Essi derivavano il loro nome dal "fucile" con acciarino a pietra focaia di cui erano armati, meno atto a provocare esplosioni accidentali del "moschetto" con acciarino a miccia in dotazione agli altri fanti. Con la diffusione delle armi a pietra focaia nei primi anni del XVIII secolo venne meno la loro ragion d'essere e il termine "fuciliere" assunse altri significati.

Pur essendo annoverato tra i corpi di fanteria il reggimento aveva funzioni esclusivamente addestrative, amministrative e disciplinari. I singoli battaglioni erano comandati dal capitano più anziano e vi era inoltre un piccolo stato maggiore formato dagli ufficiali superiori (colonnello, tenente colonnello e maggiore) e dai tre aiutanti maggiori di reggimento[7]. Con questa organizzazione l'artiglieria prese parte alla spedizione in Sardegna, al comando del colonnello Sebastián de Matamoros che disponeva, oltre al personale dello stato maggiore, di duecento artiglieri e bombardieri, sessanta operai e cinquanta minatori, probabilmente tratti dal primo battaglione del reggimento.

Il 25 settembre 1717, mentre la spedizione in Sardegna doveva ancora concludersi, il reggimento ricevette una nuova organizzazione, l'elemento più saliente del quale era l'abolizione delle compagnie di fucilieri i cui compiti furono affidati a normali soldati di fanteria. L'uso generalizzato di armi a pietra focaia rendeva queste compagnie ormai inutili.

Salvo quelli assegnati a qualche piazza (come Ceuta), tutti gli artiglieri, bombardieri e minatori furono riuniti nel reggimento, formato da due battaglioni con 31 compagnie: 27 di artiglieri, 2 di bombardieri e 2 di minatori. Il primo battaglione comprendeva stato maggiore (7 uomini) e quindici compagnie: quelle *Coronela* e del tenente colonnello di artiglieri (105 uomini ciascuna), 11 *sencillas* di artiglieri, una di bombardieri ed una di minatori (tutte di 53 uomini ciascuna). Il secondo battaglione aveva invece stato maggiore (4), la compagnia di artiglieri del comandante (105), 13 *sencillas* di artiglieri, una di bombardieri ed una di minatori (53)[8].

Il nuovo ordinamento prevedeva l'abolizione degli operai, che si pensava di reclutare in caso di necessità: tuttavia, prevedendosi prossima un'altra spedizione, quelli tornati dalla Sardegna furono mantenuti in servizio, costituendo il 12 gennaio 1718 una compagnia di operai di 53 uomini. Con decreto del 26 marzo le ventiquattro compagnie *sencillas* furono aumentate di dieci uomini ciascuna.

Il marchese de La Mina è molto preciso nell'indicare la composizione dello stato maggiore di artiglieria che prese parte alla spedizione di Sicilia, sempre al comando del colonnello Sebastián de Matamoros: 3 *Tenientes provinciales* (Colonnelli), 3 *Comisarios provinciales* (Tenenti colonnelli), 11 *Comisarios ordinarios*, 10 *Comisarios extraordinarios*, 10 *Capitanes de carros* e così via, oltre la compagnia di operai[9]. Notare che *Tenientes provinciales* e *Comisarios provinciales* erano ufficiali, gli altri impiegati civili.

Purtroppo egli non è altrettanto preciso riguardo le truppe, che consistevano in otto compagnie di artiglieri, una di bombardieri e una di minatori, tutte del primo battaglione; al momento di fare ritorno in Spagna il battaglione

---

7   *Real Ordenanza de 2 de Mayo de 1710*, in JOSÉ ANTONIO PORTUGUÉS Y MONENTE, *Colección General de las Ordenanzas Militares...*, cit., VI, pp. 59-77.

8   *Real Reglamento de 25 de Septiembre de 1717*, in *Ibidem*, pp. 92-123.

9   MARQUÉS DE LA MINA, *Colección de cuadros y planos...*, cit., *Estado que manifiesta la expedicion que se hizo para Sicilia el año de 1718 ...* nº 10.

contava 527 ufficiali e soldati, compreso senza dubbio qualche siciliano. Secondo la *Gaceta de Madrid* del 6 agosto e 3 settembre 1720 sbarcarono a Barcellona due battaglioni di artiglieria: forse nei due anni trascorsi sull'isola il primo battaglione fu sdoppiato in due parti. Una compagnia era in Sardegna, mentre le quattro rimaste nella penisola iberica furono la base su cui il 27 agosto 1718 venne formato il terzo battaglione del reggimento.

La Mina fornisce invece un quadro minuziosissimo del materiale di artiglieria mandato in Sicilia, nel quale risaltano soprattutto due cannoni di bronzo *para montaña de 4* che furono quelli che presero parte alla battaglia di Francavilla[10].

Le operazioni dell'artiglieria in Sardegna e Sicilia non sembra siano state oggetto di una ricerca specifica. Essa fu impiegata per lo più in operazioni d'assedio, ma dopo lo sbarco di Mercy i pezzi in posizione davanti a Milazzo furono abbandonati e probabilmente gran parte del parco d'artiglieria, concentrato a Messina, cadde in mano degli imperiali con la presa della cittadella (21 ottobre 1719). Le condizioni del terreno siciliano (montuoso e privo di strade) preclusero l'impiego dei pezzi da campagna, ad eccezione dei due cannoni da montagna da 4 libbre che presero parte alla battaglia di Francavilla (20 giugno 1719): si tratta di uno dei primi esempi di impiego di artiglieria da montagna ed è strano che non abbia finora ricevuto la dovuta attenzione.

Gli ingegneri militari si occupavano solo delle questioni attinenti le fortificazioni e le operazioni d'assedio. Compresi in passato nello stato maggiore di artiglieria, essi furono costituiti in corpo autonomo da Filippo V con decreto del 17 aprile 1711, emanato su proposta dell'*Ingeniero General* Prospero de Verboom. Il decreto non fissava un'organizzazione vera e propria, lasciando il numero degli ingegneri indeterminato e dividendoli in quattro categorie: *Ingenieros en Jefe* o *de provincia*, *Ingenieros en segundo*, *Ingenieros en tercero* oltre alcuni *designadores*. Non essendo stabilito che queste categorie equivalessero a gradi militari gli ingegneri come tali non erano ufficiali: ma quasi tutti possedevano un brevetto che conferiva loro un grado nell'esercito.

Successivamente queste denominazioni vennero cambiate perché nel 1717 fecero parte della spedizione in Sardegna l'*Ingeniero en Jefe* Joseph de Bauffe, l'*Ingeniero en segundo* Jacinto Flores e una mezza dozzina di *Ingenieros ordinarios*. Essendosi rivelato troppo scarso il numero degli ingegneri, nel 1718 ne furono inviati in Sicilia oltre cinquanta agli ordini dello stesso *Ingeniero General* Prospero de Verboom: erano 4 *Ingenieros en Jefe*, 8 *en segundo*, 14 *ordinarios*, 12 *extraordinarios* e 15 *de aumento* assunti per l'occasione[11]. Nell'isola gli ingegneri presero parte a vari assedi, segnalandosi in specie nell'attacco alla cittadella di Messina (agosto-settembre 1717) dove 19 di essi restarono morti o feriti[12].

La Marina spagnola[13]

Al momento della morte di Carlo II la flotta spagnola era in piena decadenza e durante gli anni di guerra ben poco poté essere fatto per migliorare questa situazione: si giunse al punto di affidare a navi francesi il compito di scortare i convogli provenienti dall'America. Dopo il 1713 si cominciò a ricostruire una forza navale, ma ancora per il blocco di Barcellona si dovette ricorrere all'aiuto francese. La *Real Orden* del 21 febbraio 1714 diede vita ad un'unica *Armada Real* che riunì le varie flotte locali esistite fino allora (anche se quelle americane rimasero autonome per qualche anno)[14].

Nella sua politica di ricostruzione delle forze armate il cardinale Alberoni ebbe la fortuna di trovare in José Patiño la persona capace cui si deve la rinascita della flotta spagnola, facendo fronte a molteplici esigenze, in primo luogo la necessità di proteggere le vitali linee di collegamento con l'America costantemente minacciate da pirati e corsari[15].

---

10   *Ibidem, Estado del Tren de Batir, y Campaña que se llevó á la Expedición de Sicilia en el Año de 1718* n° 8.

11   *Ibidem, Estado que manifiesta la expedicion que se hizo para Sicilia el año de 1718 ...* n° 10.

12   Juan Miguel Muñoz Corbalan, *Verboom*, Madrid, Fundación Juanelo Turriano, 2015, pp. 141-143.

13   Il testo del paragrafo è stato redatto a cura di **Paolo Giacomone Piana**.

14   Le flotte americane rimasero autonome per qualche anno mentre le galee continuarono ad avere un'esistenza a parte: Sull'argomento v. Hugo O'Donnell y Duque de Estrada, *Nacimiento y desarollo de la Armada naval*, in *Felipe V y su tiempo*, Congreso internacional, a cura di Eliseo Serrano Martín, Sección cuarta Guerra Y Paz – Ponencias, Zaragoza, Institución "Fernando el Católico", 2004, pp. 683-700.

15   La "corsa" barbaresca non era un fenomeno solo mediterraneo, ma anche oceanico, dove agivano soprattutto

Le prime navi della ricostituita flotta spagnola furono quindi destinate a missioni di scorta, un compito per il quale potevano bastare unità di origine mercantile, specie i trasporti ben armati provvisti dagli "assentisti" genovesi Giovanni Marchelli e Stefano de Mari, poi acquistati dall'*Armada Real*. Poteva intanto formarsi progressivamente un nucleo di ufficiali e di equipaggi addestrati con cui equipaggiare le navi da guerra vere e proprie che si cominciavano a costruire nei cantieri della Catalogna e delle Province Basche.

Questo programma, per la cui realizzazione occorrevano anni, fu stravolto dalla decisione di cogliere l'occasione costituita dal conflitto nei Balcani tra l'impero austriaco ed i Turchi per tentare la riconquista dei domini italiani: la necessità di assicurare la scorta dei grandi convogli che questa impresa richiedeva costrinse ad avvalersi di tutte le navi disponibili, costituendo un insieme dall'aspetto imponente, ma nella realtà molto debole. Nel 1718 questa flotta improvvisata fu annientata dagli Inglesi a Capo Passero, ma tale fatto non deve far dimenticare che la marina spagnola, in pochi anni e partendo praticamente da zero, conseguì il notevole risultato di mettere in mare convogli di dimensioni mai viste fino allora.

Dopo la guerra di Sicilia la ricostruzione della marina dovette ricominciare da capo, ma questa volta poté disporre di una ventina d'anni per prepararsi, raggiungendo un livello che le permise di affrontare la prova della lunga guerra con la Gran Bretagna (1739-1748) ove conseguì l'obiettivo di conservare l'integrità dei possedimenti d'oltremare e colse significative vittorie a Cartagena de Indias e Capo Sicié.

Navi e galere

La rinata marina spagnola impegnò nelle spedizioni di Sardegna e Sicilia la maggior parte delle sue forze, in particolare le poche "vere" navi da guerra di cui disponeva. Non è stato rinvenuto alcun documento che dia un quadro complessivo della flotta spagnola negli anni dal 1717 al 1720: la gazzetta *Avisi italiani*, che si pubblicava a Vienna, menziona "una Lista, che si vedeva trà il Volgo" secondo cui ai primi del 1718 essa consisteva di "41 Vascelli da Guerra, cioè in 2 di 80 Cannoni, 1 di 70, 1 di 64, 11 di 60, 8 di 50, 1 di 48, 4 di 44, 1 di 42, 1 di 40, 1 di 36, 1 di 32, 4 di 30, 4 di 24, & 1 di 18"[16].

Le varie liste delle navi che hanno appartenuto alla marina dal 1700 in poi, redatte a partire dall'Ottocento, per quanto riguarda questo periodo sono in contraddizione fra loro: talvolta uno scafo è ignorato, talaltra è menzionato più volte sotto nomi diversi[17], mentre il numero dei cannoni e degli uomini imbarcati varia molto[18], conseguenza inevitabile del fatto che si trattava in gran parte di navi di origine mercantile, spesso entrate in servizio da poco ed equipaggiate di volta in volta in modo diverso.

Un ulteriore elemento di confusione è costituito dal sistema di classificazione allora in vigore, per cui le navi (escluse quelle adibite a funzioni speciali come i brulotti) erano tutte denominate *navío*, termine passato poi ad indicare il vascello: in via semi-ufficiale, però, solo la nave destinata a combattere in linea di fila era chiamata *navío*, mentre se essa doveva svolgere altre funzioni (quali la scorta ai convogli) veniva detta *fragata*[19].

La spedizione in Sardegna salpò da Barcellona il 31 maggio 1717 in due divisioni, la cui composizione varia a seconda delle fonti. Un documento del *Kriegsarchiv* di Vienna riporta i nomi e le principali caratteristiche di quindici navi e due brulotti[20]:

i corsari marocchini di Salé (oggi parte di Rabat) che nel 1716 ebbero l'ardire di spingersi all'imbocco del canale della Manica. Anche gli algerini operavano fuori dello stretto di Gibilterra, nella speranza di catturare qualche imbarcazione proveniente dall'America.

16   *Avisi italiani*, 1 giugno 1718, n. 91.

17   Un esempio dei diversi nomi con cui poteva essere conosciuta una nave è la *Nostra Signora del Rosario e S. Francesco Saverio e l'Anime del Purgatorio*, ribattezzata *Reyna* ma rimasta sempre nota con il soprannome di *Porcospino*: v. GUIDO CANDIANI, *Navi per la nuova marina della Spagna borbonica. L'Asiento di Stefano de Mari, 1713-1716*, in "Mediterranea – ricerche storiche", Anno XII – Aprile 2015, n. 33, pp. 107-131, in particolare p. 125.

18   Cfr. le schede di Santiago Gomez nel sito "Todoavante.es", http://todoavante.es/.

19   Non si deve quindi pensare che una unità allora indicata come *fragata* avesse caratteristiche simili alla "fregata" vera e propria, un tipo di unità che si sviluppò alcuni decenni più tardi.

20   *Hofkriegsrath, Exp. 1717, August, 413*, in RAIMUND GERBA, *Die Kämpfe der Kaiserlichen in Sicilien und Corsica 1717-1720 und 1730-1732* (Feldzüge des Prinzen Eugen von Savoyen), Wien, C. Gerold's Sohn, 1891, p. 358; trad. it. *Guerre in Sicilia e in Corsica negli anni 1717-1720 e 1730-1732* (Campagne del Principe Eugenio di Savoia), Torino, Roux e Viarengo, 1901, p. 280. Non esisteva un vascello chiamato *Santa Cruz*, per cui il documento probabilmente si riferisce al *San Luis*

Tav. 6 Fucilieri dei reggimenti di fanteria *Hibernia* e *Aragón*.

Tav. 7 Fuciliere del reggimento di fanteria *Navarra*.

Tav. 7bis Fucilieri dei reggimenti di fanteria *Irlanda* e *Navarra*.

Nome	Cannoni	Equipaggio
La capitana el Marq. Mari [San Felipe el Real]	80	828
El Príncipe de Asturias	72	728
Santa Rosa	60	488
El Real	60	488
San Fernando	60	488
Santa Cruz [*recte* San Luis]	60	488
San Pedro	60	495
Santa Isabel	60	495
San Carlos	60	495
La Perla	52	374
El Volante	44	306
Sorpresa	48	306
El Volante	44	306
El Junior [*recte* Juno]	38	236
San Jago	30	115
El Ercules (ospedale)	20	55
El Leon (brulotto)	10	40
Castilla (brulotto)	10	40

Le fonti non concordano neppure sulla composizione della spedizione inviata l'anno successivo a conquistare la Sicilia. Cesáreo Fernández Duro nella sua monumentale "*Armada Española desde la unión de los Reinos de Castilla y de Aragón*" scrive che il 19 giugno 1718 salparono da Barcellona ventinove "*navíos*", due brulotti e due/ quattro galeotte bombardiere armate di mortai[21], basandosi sui manoscritti del marchese de la Mina, risalenti però alla metà del XVIII secolo[22]. Il contemporaneo Jerónimo de Uztáriz pubblica invece un quadro che riporta i nomi di ventisette "*navíos*"[23]:

Nome	Cannoni	Equipaggio
San Phelipe el Real	74	650
Principe de Asturias	70	550
Santa Isabel	60	400
San Carlos	60	440
El Real	60	400
San Luis	60	400
San Fernando	60	400
San Juan Bautista	60	400
San Pedro	60	400

(cfr. SANTIAGO GOMEZ, *O.B. 1717 – Expedicion a Cerdeña*, nel sito sito "Todoavante.es", http://todoavante.es/).

21   CESÁREO FERNÁNDEZ DURO, *Armada Española...*, cit., VI, pp. 161-162.

22   MARQUÉS DE LA MINA (JAIME MIGUEL DE GUZMÁN DAVALOS Y SPINOLA), *Memorias sobre la Guerra de Cerdeña y Sicilia en los años 1717 a 1720 y Guerra de Lombardia en los de 1734 a 1736*, I, ms. Biblioteca Nacional de España, segn. MSS/5590, quadri tra le pp. 69-70 e 151-152; riprodotti anche in ID., *Colección de cuadros y planos sobre la Guerra de Cerdeña y Sicilia*, ms. Biblioteca Nacional de España, segn. Mss/6408, nn. 9 e 14.

23   JERÓNIMO DE UZTÁRIZ, *Theórica y práctica de Comercio y de Marina*, s.l, s.e., s.d. (ma 1724), p. 258. Le differenze rispetto all'elenco dato dal marchese de la Mina sono molte: *El Burlandin* (menzionato solo da la Mina) sembra essere di acquisizione successiva. Del resto lo stesso marchese de la Mina nei suoi quadri cita prima due galeotte bombardiere, poi quattro. Inoltre la spedizione non salpò tutta da Barcellona: il *Santa Rosa* e altre unità al comando di Antonio González giunsero a Palermo solo il 18 luglio 1718 scortando un convoglio carico di truppe partito da Cadice (cfr. *Avisi italiani*, 17 agosto 1718, n. 137).

Santa Rosa	56	400
La Perla	50	300
La Esperança	46	300
San Isidro	46	300
La Hermiona	44	300
El Porcespin	44	250
La Sorpresa	44	250
El Bolante	44	300
La Juno	36	250
Conde de Tolosa	30	200
La Castilla	30	200
La Galera	30	200
La Aguila	24	240
San Francisco	22	100
Pequeño San Fernando	20	150
Pequeño San Juan	20	150
El Tigre	20	100
La Flecha	18	100

Tuttavia, anche se le varie fonti sono discordi sul numero delle navi e sulle loro caratteristiche, esse concordano su di un punto fondamentale: solo otto di esse erano state costruite come navi da guerra, mentre tutte le altre erano di origine mercantile[24].

La distruzione della flotta spagnola a Capo Passero non significò la fine della guerra sul mare, poiché le navi superstiti continuarono a combattere. Solo la divisione del *jefe de escuadra* Baltazar de Guevara, composta da *San Luis*, *San Juan*, *la Hermiona* e *San Felipe*, lasciò le acque della Sicilia e si diresse a Cadice[25]; altre costituirono una flottiglia al comando del *jefe de escuadra* Jorge Cammock che operò nelle acque dello Stretto di Messina e del mar Ionio cercando di ostacolare le operazioni nemiche[26]. Dopo aver perso il *San Pedro* (naufragato presso Gallipoli il 27 dicembre 1718) e la *Santa Rosalia* (costretto ad incagliarsi tra Siracusa e Augusta da sei navi inglesi il 25 gennaio 1719) e *La Perla* (catturata presso Catania nello stesso tempo ma affondata di lì a poco), la flottiglia fu imbottigliata nel porto di Messina dove il fuoco degli assedianti affondò *Conde de Tolosa*, *La Galera*, *San Fernando el Chico*, *San Juan el Chico*, : mentre marinai e soldati si distinsero nella difesa della cittadella, alla quale presero parte al comando del capitano Gabriel de Alderete. Si ignora invece la sorte di *La Flecha* e della nave chiamata *Pingue Pintado*.

Le navi a vela erano affiancate dalle galee che, essendo spinte dai remi, non dipendevano dai venti, sempre incostanti nel Mediterraneo: inoltre il loro basso pescaggio permetteva loro di operare in bassi fondali e di appoggiare le operazioni di sbarco. Esse erano però inadatte alla navigazione d'altura, avevano pochissima autonomia ed era risaputo che non potevano tener testa a navi a vela armate di cannoni disposti in batteria; tuttavia la forza della tradizione era tale che continuavano a costituire un corpo a parte con base a Cartagena, con una decina di unità tutte costruite nell'arsenale di Barcellona, salvo alcune comprate a Genova e Civitavecchia[27].

24   *San Felipe el Real*, *Santa Isabel*, *San Carlos*, *San Luis*, *San Fernando*, *San Juan Bautista*, *San Pedro*, *San Isidro*, tutti costruiti in cantieri spagnoli. Il *Principe de Asturias* era l'ex *H.M.S. Cumberland*, ma questa nave, catturata dai francesi nel 1707, era stata impiegata come mercantile per molti anni.

25   *Gaceta de Madrid*, 27 settembre 1718: il *San Felipe*, in base al nome del comandante, potrebbe identificarsi con *La Castilla* nominata da Uztáriz.

26   La flottiglia poteva contare anche sul *Santa Rosalia* (ex-sabaudo *Beato Amedeo*) catturato dagli spagnoli in allestimento a Palermo; le altre due navi sabaude (*Vittorio* e *Santa Rosalia*), cadute in mani spagnole alla resa della cittadella di Messina (29 settembre 1718) e ribattezzate *Triunfo* e *Victoria*, non prestarono mai servizio per loro cattive condizioni.

27   PEDRO FONDEVILLA SILVA, *Las Galeras de España del siglo XVIII,*.

Tav. 8 Granatieri dei reggimenti di fanteria *Valladolid* e *Ultonia*.

Tav. 9 Ufficiale e fuciliere dei reggimenti di fanteria *Borgoña* e *Guadalajara*.

▲ Fucile da fanteria francese mod. 1717, adottato dall'esercito spagnolo alla stessa data

Alla spedizione contro la Sardegna presero parte sei galee (quattro col corpo di spedizione e due inviate successivamente nell'isola) ma si conoscono i nomi soltanto di tre (*Patrona*, *San Felipe* e *San Jenaro*). La spedizione contro la Sicilia contava sette galee (*Capitana*, *Patrona*, *San Felipe*, *Santa Teresa*, *Nuestra Señora de la Soledad*, *San Jenaro* e *San Fernando*) che la notte precedente il combattimento di Capo Passero furono impiegate per rimorchiare le navi bloccate dalla mancanza di vento. Il giorno dopo la scarsa immersione permise loro di rifugiarsi sottocosta sfuggendo alla "mattanza" operata dagli inglesi, dopodiché circumnavigarono l'isola e raggiunsero Messina, da dove ostacolarono i movimenti dei trasporti nemici impegnati nel rifornimento di Milazzo. Ripiegate successivamente a Palermo, esse furono usate soprattutto per mantenere i collegamenti con la Spagna fino all'armistizio del 3 maggio 1720[28].

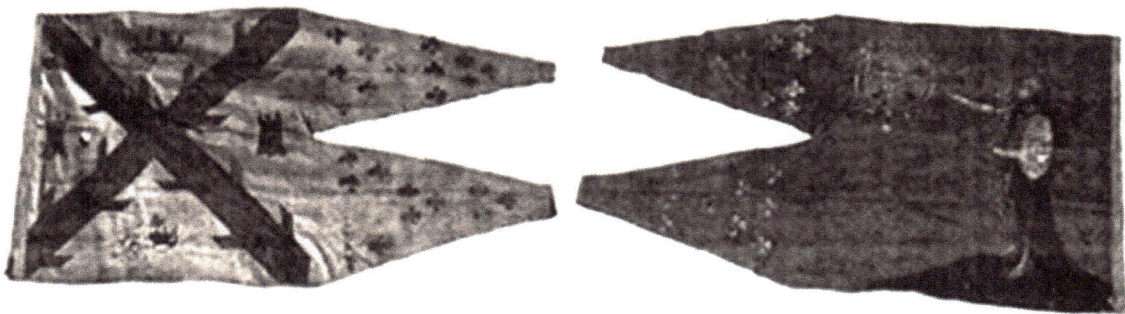

▲ Insegna di comando della marina spagnola all'epoca della Guerra della Quadruplice Alleanza: seta bianca o cremisi con gigli in oro (da "Revista de Historia Naval", XXV, 2007, n. 98, p. 91).

Ufficiali e marinai[29]

Durante la guerra degli anni 1717-1720 il corpo ufficiali della nuova marina spagnola era molto eterogeneo: alcuni ufficiali provenivano dalle diverse *flotas* esistenti ai tempi di Carlo II, altri dalla marina mercantile, altri ancora erano genovesi venuti con le navi fornite dagli "assentisti" Marchelli e de Mari e rimasti in servizio quando queste erano state acquistate dalla Spagna. La necessità di coprire al più presto i molti posti disponibili aveva poi portato ad accogliere molti stranieri[30]: soprattutto francesi in cerca di un rapido avanzamento, ma anche molti inglesi di idee "giacobite" vere o presunte[31].

Patiño si era reso conto della necessità che gli ufficiali della nuova marina avessero una comune estrazione e ricevessero una formazione adeguata, per cui costituì la *Real Compañia de Guardiamarinas* con sede a Cadice (Real Decreto 15 aprile 1717): ma quando scoppiò la guerra i *cadetes* che la componevano avevano appena preso

28   Le galee che navigavano da e per la Spagna seguivano una rotta tortuosa, che le portava a costeggiare la penisola italiana con scali a Genova, Livorno e Civitavecchia: cfr. *Avisi italiani*, 1720, nr. 1, 18, 70.

29   https://www.todoababor.es/vida_barcos/organizacion.htm

30   I genovesi erano equiparati agli spagnoli perché il 18 agosto 1528 Carlo V aveva concesso ad Andrea Doria che essi fossero "*tal como los súbditos naturales de S. M.*".

31   Venivano detti "giacobiti" i sostenitori dei diritti di Giacomo III Stuart contro la c.d. "successione protestante" che aveva portato Giorgio I di Hannover sul trono della Gran Bretagna; però per molti si trattava solo di un pretesto per mascherare la ricerca di un maggior guadagno. L'afflusso di ufficiali inglesi continuò anche dopo Capo Passero: il 16 settembre 1718 si scriveva da Londra che "*Sin da che si sono ricevute nuove della sudetta Disfatta della Flotta Angiuina, circa 40 Ufficiali, ch'erano à mezza paga, sono partiti di quà, per passare in Francia e quindi in Spagna, per prendere Servizio nelle Truppe del Duca d'Angiù*" (*Avisi italiani*, 8 ottobre 1718, n. 168).

▲ Ritratto di Stefano de Mari, copia anonima del 1848 di un perduto originale del XVIII secolo: la sciarpa bianca, poi sostituita da quella rossa, permette di datare il quadro al 1714 (Museo Naval, Madrid).

servizio. Nel 1718 essi parteciparono alla spedizione in Sicilia ripartiti a gruppi sulle diverse navi e impiegati come rinforzo ai reparti di fanteria di marina[32].

La composizione eterogenea del corpo ufficiali si rifletteva nei comandanti, ove a ufficiali di marina con una lunga carriera alle spalle si affiancavano personaggi come Stefano de Mari, che doveva il grado praticamente alla ricchezza della sua famiglia, oppure Jorge Cammock (*alias* George Camocke), un giacobita già capitano di vascello nella *Royal Navy*[33].

Gli ufficiali delle galere avevano invece una composizione omogenea, provenendo di massima dall'alta nobiltà, alla quale era tradizionalmente riservato il comando di questo tipo di navi: l'elevata estrazione sociale de-

▲ Particolare dell'acciarino del fucile francese

gli ufficiali fu una delle ragioni per cui il corpo delle galere mantenne fino al 1748 un'esistenza separata.

Riguardo i marinai, in teoria la Spagna non aveva problemi a trovare uomini in grado di manovrare le navi a vele quadre, poiché disponeva di una numerosa marina mercantile, indispensabile per assicurare i collegamenti con le colonie d'Oltreoceano. La formazione degli equipaggi era però ostacolata dalla preferenza dei marinai a servire a bordo dei mercantili, che offrivano maggiori possibilità di guadagno. Fu istituita su modello francese la *Matricula de la Gente de Mar*, in base alla quale ogni individuo fra i 18 e i 45 anni di età che esercitava la professione di marinaio o un'altra connessa con la navigazione doveva compiere almeno tre "campagne" a bordo di una nave da guerra. La prima disposizione in materia è del 23 novembre 1717, ma ci vollero decenni prima che il sistema fosse effettivamente funzionante: nel frattempo la marina poté contare solo su arruolamenti volontari, sempre insufficienti. Fu quindi inevitabile reclutare su larga scala marinai francesi e liguri e ricorrere all'arruolamento forzoso di malfattori e vagabondi.

Nelle galere la principale forza motrice era costituita dai remi, spinti dalla "ciurma" che, come nelle altre marine, si divideva nelle tre categorie degli "schiavi" (corsari barbareschi catturati), "forzati" (condannati al remo) e "buonavoglia" (volontari spinti ad arruolarsi dalla miseria). Le galere erano anche equipaggiate con vele latine, di facile manovrabilità, che avevano solo una funzione ausiliaria, per cui i marinai a bordo di queste imbarcazioni erano pochi (una sessantina) e non vi fu mai difficoltà a reperirli.

La fanteria di Marina

A bordo di una nave da guerra i fanti di marina costituivano un terzo degli uomini imbarcati, ma la loro

32   Cfr. JOSÉ MARÍA BLANCO NUÑEZ, *Las dos primeras promociones de Caballeros Guardiamarinas*, Cádiz, 1717-1726, in "Revista General de Marina", Tomo 273, Agosto-Septiembre 2017, pp. 219-234.

33   Stefano de Mari non aveva alcuna esperienza marittima quando entrò nel 1714 al servizio spagnolo con tre vascelli: cfr. PAOLO GIACOMONE PIANA, *L'ammiraglio Stefano De Mari*, in «Bollettino d'Archivio dell'Ufficio Storico della Marina Militare», dicembre 2012, pp. 11-26; per Jorge Cammock si rinvia a JOHN KNOX LAUGHTON, *Camocke, George*, in *The Dictionary of National Biography*, a cura di LESLIE STEPHEN, 2ª ed., III, London, Smith, Elder & Co., 1908, pp. 757-758.

funzione di combattimento era ormai secondaria, poiché la tattica delle navi a vela, basata sul fuoco di artiglieria, rendeva improbabile l'eventualità che si arrivasse ad un combattimento a corpo a corpo, mentre le occasioni in cui si poteva aver bisogno di reparti da sbarco erano assai rare. Restava necessario mantenere l'ordine fra i marinai, che ponevano molti problemi di disciplina e di sicurezza in un'epoca in cui gli equipaggi non erano militarizzati. Con decreto del 28 aprile 1717 fu costituito il *Cuerpo de los Ba-*

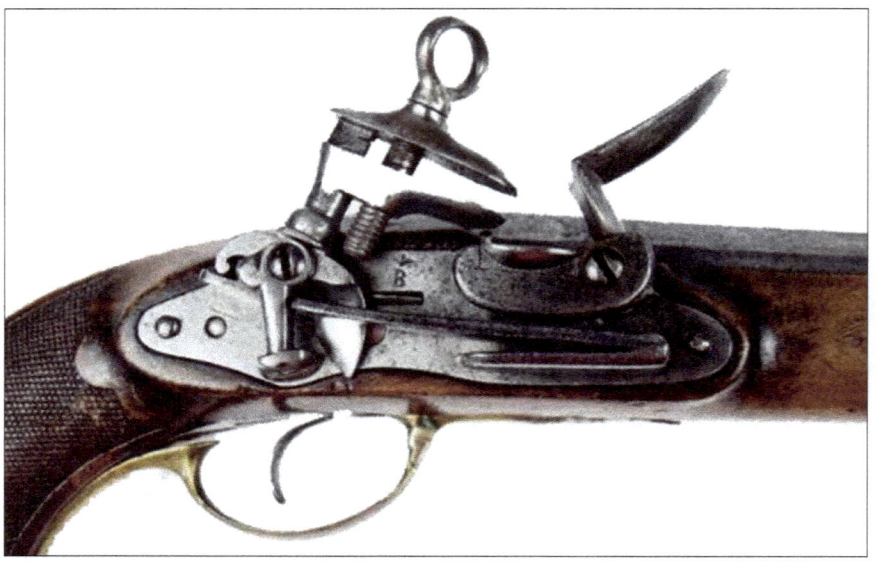

▲ Particolare dell'acciarino del fucile spagnolo

tallones de la Armada formato a partire dai secondi battaglioni dei reggimenti di fanteria di la *Mar de Nápoles* (che nel 1718 divenne *Corona*) e *Marina* (poi *Palencia*), riformati a Cadice dall'Ispettore di fanteria visconte del Puerto per fornire la necessaria dotazione ai legni delle diverse flotte. Da questi soldati si formarono nel vicino Puerto Real dodici compagnie, che costituirono due primi battaglioni chiamati *Armada* e *Marina*. Poiché il numero degli uomini non era sufficiente, si ordinò di aggregarvi ufficiali e soldati di altri reggimenti di fanteria come *Segovia*, *Burgos*, *Asturias* e altri ancora. In seguito si crearono altri due battaglioni con il nome di *Bajeles* e *Océano*[34].

Ogni battaglione doveva essere composto da seicento uomini, oltre gli ufficiali, ripartiti in sei compagnie di cento uomini ciascuna. La loro composizione era: un capitano ed un tenente (entrambi ufficiali di marina), dieci sergenti, sedici caporali, un tamburo, un piffero e settantadue soldati (compresi sei granatieri). Ogni battaglione aveva anche un aiutante; il capitano con maggiore anzianità di grado comandava anche l'intero battaglione. Quando questi battaglioni non erano sufficienti a fornire il numero richiesto di soldati imbarcati, ad essi si aggregavano distaccamenti tratti dai reggimenti dell'Esercito; nel 1718 alcuni picchetti furono tratti anche dalla compagnia di guardiamarina di Cadice.

Nel decreto relativo si stabiliva anche il vestiario e le bandiere di questi battaglioni: abito, veste e calzoni di panno bleu con mostre e fodere e calze rosse, bottoni oro.[35]

Fu anche formato un altro battaglione per il servizio nelle galere, chiamato *Mediterráneo*, costituito riunendo le compagnie indipendenti imbarcate su ciascuna unità e formato, come gli altri, di 600 uomini su sei compagnie. Il battaglione di fanteria di marina del corpo delle galee, si distingueva dagli altri per essere destinato

34   Questi battaglioni sostenevano di possedere un'anzianità quasi immemorabile, facendola risalire alla creazione dei primi *tercios* (agli inizi del XVI secolo), mescolando le vicende storiche di *tercios* distinti.
Il re concesse ai battaglioni l'anzianità del 1537, ponendoli dopo il reggimento de la *Mar de Nápoles* (ribattezzato *Corona*), che era stato confuso con il reggimento *fijo de Nápoles*, scomparso con la perdita di questo Regno nel 1707: cfr. JOSÉ LUIS DE MIRECKI QUINTERO, *De los orígines legendarios del Tercio de la Mar de Nápoles, luego Regimiento de la Corona*, in *Estudios sobre Guerra y Sociedad en la Monarquía Hispánica*, Madrid, Albatros, 2017, pp. 249-260.
35   Vedi Appendice IV. Un'uniforme simile era stata proposta il 22 aprile 1706 per il "Reggimento di marina" da formarsi unendo combattenti e naviganti: *"Per il vestiario si dovrà tener presente che perché i colori siano resistenti ai maltrattamenti che subiscono in mare e nei posti di quelle baie che devono occupare, sembra che il bleu scuro con fodere di simil colore e argento per i vestiti degli ufficiali per maggior decoro sarebbe preferibile, o in sostituzione, il verde scuro ancora con la stessa fodera, il qual colore si era ultimamente indicato per distintivo alle navi da guerra dell'Armata Reale, sempre con la proporzione delle guarnizioni d'argento come compete agli ufficiali"*: AHN. Estado, legajo 740.

in primo luogo al combattimento, in conformità alla tattica d'impiego delle galee che privilegiava lo scontro ravvicinato; la prima uniforme era interamente bleu, probabilmente con mostre rosse[36] (l'abito divenne rosso con mostre bleu dopo la metà degli anni 1720).

La partecipazione alle spedizioni di Sardegna e di Sicilia del 1717-1720 fu la prima importante azione di guerra dei battaglioni di fanteria di marina, che combatterono con grande valore a Capo Passero e alla difesa della cittadella di Messina. Nell'azione dell'8 ottobre 1719 attorno alle opere esterne della cittadella la truppa di marina "si distinse molto, e con la sua fermezza poté contenere qualche disordine che ci accadde al'inizio dell'azione, per cui il governatore [Spinola] gli concesse di occupare sia la dritta [dello schieramento], sia l'avanguardia [delle colonne d'attacco], diritti che disputava con altri corpi per aver avuto origine dal [tercio] "de la Mar de Nápoles" dell'epoca di Carlo V; e poi il marchese di Lede confermò questo privilegio per il servizio che la truppa di marina fece in seguito."[37]

In questo periodo il *Cuerpo de Artillería de Marina* non aveva nulla a che fare con la fanteria di marina. Si trattava di un corpo tecnico, composto di elementi scelti e ben istruiti, la cui funzione principale era quella di aver cura dei pezzi di artiglieria conservati negli arsenali, mentre il servizio dei pezzi di bordo era affidato ad *artilleros de mar* tratti dai marinai. In base alle *Instrucciones* del 6 maggio 1717 il corpo era formato da due compagnie ciascuna di due ufficiali e 120 sottufficiali e soldati, che in caso di imbarco esercitavano la funzione di capo-pezzo.

I corsari e il contributo siciliano

Nella guerra del 1717-1720 numerosi corsari di bandiera spagnola operarono contro il traffico mercantile nemico in Mediterraneo e nell'Atlantico. La guerra di corsa era regolata da norme ben precise: il mercantile "armato"[38] come corsaro doveva essere munito di "lettera di marca" in regola (che allora poteva rilasciare qualsiasi console) e la cattura di ogni nave doveva essere approvata da un "tribunale delle prede" che statuiva se si trattava di "buona preda" o no.

I corsari attivi nel Mediterrano erano catalani, baschi (allora detti "biscaglini") e soprattutto siciliani: qualche nave fu "armata" anche a Porto Longone (l'attuale Porto Azzurro) nell'isola d'Elba, l'unico possedimento italiano rimasto alla Spagna. I principali tra i corsari siciliani erano quelli provenienti dall'isola di Lipari, messisi già in luce durante la precedente guerra della Successione spagnola. I "liparotti" finirono per rappresentare un tale fastidio per la navigazione mercantile del regno di Napoli che ai primi di giugno 1719 austriaci e inglesi inviarono contro di loro una spedizione in piena regola, che conquistò l'isola dopo aspri combattimenti.

Tra le varie località siciliane che armarono corsari con bandiera spagnola si può ricordare Catania, come attesta il conte Maffei, viceré sabaudo, in una sua lettera del 5 ottobre 1718 nella quale parla di "feluconi armati dai Catanesi, che rendono pericolosa la trasmissione delle lettere a Reggio"[39].

---

36   *Libros de entradas de soldados del Hospital de-sta Creu de Barcelona*, Biblioteca de Catalunya.
37   MARQUÉS DE LA MINA, *Memorias sobre la Guerra de Cerdeña y Sicilia…, cit.*, I, p. 494.
38   L'espressione "armare" una nave non va intesa nel senso moderno di munirla di artiglierie (tutte le imbarcazioni allora ne erano dotate) ma in quello di aumentare il numero dei componenti dell'equipaggio, che nei mercantili, per ragioni di economia, era ridotto allo stretto indispensabile.
39   VITTORIO EMANUELE STELLARDI, *Il regno di Vittorio Amedeo II di Savoia nell'isola di Sicilia dall'anno MDCCXIII al MDCCXIX*, III, Torino, Eredi Botta, 1862, p. 425.

SOLDIERS, WEAPONS & UNIFORMS ALREADY PUBLISHED
(SOME TITLES)

UNIFORMS OF RUSSIAN ARMY IN THE ERA OF ANCIENT TZAR
FROM THE REIGN OF VASILI IV TO MICHAEL I, ALEXIS, FEODOR III DURING THE XVII th CENTURY
A.V.VISKOVATOV   LUCA STEFANO CRISTINI
SWU-600-004

UNIFORMS OF RUSSIAN ARMY OF PETER I THE GREAT
FROM THE REIGN OF PETER I TO CATHERINE I, PEER II, ANNA AND IVAN VI. 1682-1741
A.V.VISKOVATOV   LUCA STEFANO CRISTINI
SWU-700-006

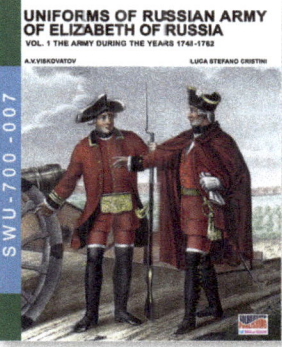

UNIFORMS OF RUSSIAN ARMY OF ELIZABETH OF RUSSIA
VOL. 1 THE ARMY DURING THE YEARS 1741-1762
A.V.VISKOVATOV   LUCA STEFANO CRISTINI
SWU-700-007

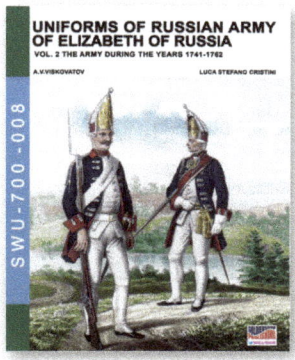

UNIFORMS OF RUSSIAN ARMY OF ELIZABETH OF RUSSIA
VOL. 2 THE ARMY DURING THE YEARS 1741-1762
A.V.VISKOVATOV   LUCA STEFANO CRISTINI
SWU-700-008

UNIFORMS OF RUSSIAN ARMY IN THE XVIII CENTURY VOL. 1
UNDER THE REIGN OF CATHERINE II EMPRESS OF RUSSIA BETWEEN 1762 AND 1796
A.V.VISKOVATOV - LUCA STEFANO CRISTINI
SWU-700-005

UNIFORMS OF RUSSIAN ARMY IN THE XVIII CENTURY VOL. 2
UNDER THE REIGN OF CATHERINE II EMPRESS OF RUSSIA BETWEEN 1762 AND 1796
A.V.VISKOVATOV - LUCA STEFANO CRISTINI
SWU-700-009

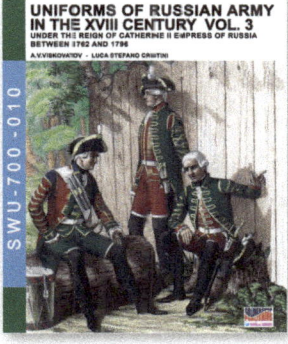

UNIFORMS OF RUSSIAN ARMY IN THE XVIII CENTURY VOL. 3
UNDER THE REIGN OF CATHERINE II EMPRESS OF RUSSIA BETWEEN 1762 AND 1796
A.V.VISKOVATOV - LUCA STEFANO CRISTINI
SWU-700-010

UNIFORMS OF RUSSIAN ARMY IN THE XVIII CENTURY VOL. 4
UNDER THE REIGN OF CATHERINE II EMPRESS OF RUSSIA BETWEEN 1762 AND 1796
A.V.VISKOVATOV - LUCA STEFANO CRISTINI
SWU-700-011

BRITISH ARMY UNIFORMS IN 1742
IN THE ART OF JOHN PINE
SWU-700-001

PRUSSIAN & AUSTRIAN ARMY UNIFORMS IN 1742-1770
LUCA STEFANO CRISTINI
SWU-700-002

THE FRENCH ARMY OF ANCIEN RÉGIME Volume 1
IN THE ART OF FELIX PHILIPPOTEAUX
LUCA STEFANO CRISTINI
SWU-700-003

THE FRENCH ARMY OF ANCIEN RÉGIME Volume 2
IN THE ART OF FELIX PHILIPPOTEAUX
LUCA STEFANO CRISTINI
SWU-700-004

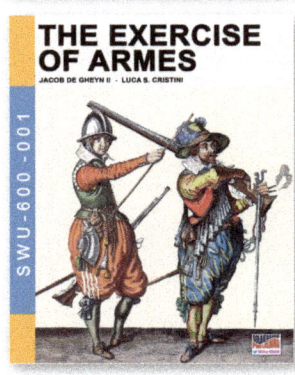

THE EXERCISE OF ARMES
JACOB DE GHEYN II - LUCA S. CRISTINI
SWU-600-001

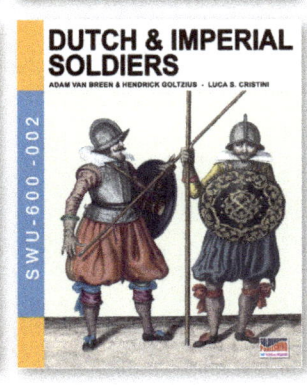

DUTCH & IMPERIAL SOLDIERS
ADAM VAN BREEN & HENDRICK GOLTZIUS - LUCA S. CRISTINI
SWU-600-002

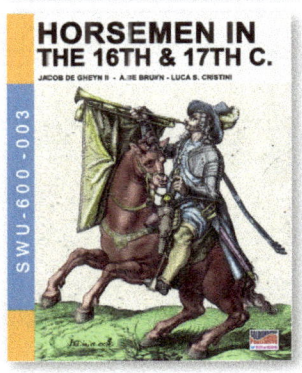

HORSEMEN IN THE 16TH & 17TH C.
JACOB DE GHEYN II - A.DE BRUYN - LUCA S. CRISTINI
SWU-600-003

IMPERIAL SOLDIERS & UNIFORMS 1640-1860
IN THE ART OF FRANZ GERASCH
LUCA S.CRISTINI
Plates by FRANZ GERASCH
SWU-GEN-001